Jeden Augenblick leben

Jeden Augenblick leben

Glücksgedanken für jeden Tag des Jahres

Herausgegeben von
Kathrin Clausing und Ulrich Sander

EINLADUNG

„Da hast du aber Glück gehabt", hören wir manchmal, wenn wir einer drohenden Gefahr oder schweren Beeinträchtigung entgangen sind. Glück haben trifft uns von außen als günstiges Geschick. Es sind Momente, die manchmal entscheidend, aber immer vorübergehend sind. Glücklich sein ist etwas anderes. Es trifft uns nicht von außen, sondern wächst von innen. Es geschieht nicht an uns, sondern in uns und nie ohne uns. Es sind Augenblicke, in denen wir eine Sekunde der Ewigkeit erfahren, etwas, das bleibt, wenn alles vergeht.
Dieses Glück hat viele Gesichter – das Glück, neu anfangen und etwas von vorn beginnen zu dürfen. Das Glück, sich nicht in Sorgen zu verlieren, sondern gelassenen Mut zu haben. Das Glück der kleinen Dinge, die uns am Lebensweg begegnen. Das Glück des Frühlings, wenn das Leben mit frischem Grün erwacht. Das Glück der Liebe, wenn wir einem Menschen begegnen, der uns verzaubert. Das Glück, das Leben in der Schöpfung zu spüren, in ihrem Wachsen und Reifen. Das Glück des Staunens, wenn wir etwas von der Schönheit der Welt erfahren. Das Glück, wenn Licht und Sonne unser Leben hell machen. Das Glück, wenn andere ihr Leben mit uns teilen und uns daran Anteil nehmen lassen. Das Glück, wenn wir die

Früchte unserer Arbeit erfahren und genießen dürfen. Das Glück, wenn wir Zeit für uns haben und Stille um uns ist. Das Glück, wenn am Ende des Jahres die Ruhe des Winters sich ausbreitet und uns die weihnachtliche Zeit schenkt.
Die Autorinnen und Autoren dieses Bandes haben für diese vielen Gesichter des Glücks durch das Jahr hindurch besondere Worte gefunden. Mit ihren Texten den Tag zu beginnen (oder abzuschließen) kann eine kleine Einladung sein, bei all dem, was uns täglich in Anspruch nimmt, die eigene Seele nicht zu vergessen, sondern ihr einen Moment der Einkehr bei sich selbst zu gönnen: „Jeden Augenblick leben" ist die Einladung, mit der dieses Buch überschrieben ist. Glück kann man nicht machen und nicht kaufen. Es gibt kein Rezept, um es herzustellen. Aber es gibt eine Spur, auf der es zu finden ist. Diese Spur führt zu uns selbst und der Kunst, in der Gegenwart bei uns selbst zu sein und *jeden Augenblick zu leben*.

Ulrich Sander

INHALT

Januar

Das Glück des Anfangs

1 / *Januar*

JAHRESSCHWELLE

Auf der Schwelle
des Neuen Jahres

ganz ruhig verweilen
ein wenig zurückschauen
ein wenig voraus
in mich hinein lauschen
anhalten und stillhalten
Raum machen für Gottes Hände
und ihn wirken lassen
zwischen Heute und Morgen.

Dann getrost
den nächsten Schritt tun.

MARIA SASSIN

2 / *Januar*

SEGEN FÜR EIN NEUES JAHR

Folge dem Fluss
er kennt den Weg

schaue freundlich zurück
am Ufer blühen
neue Tage

finde
einen Ruheplatz am Wasser
ein Tor, das dich empfängt
Menschen, die dich grüßen

bewege dich achtsam
in aller Freiheit sei gut

was dein Herz berührt
liebe
und segne alles
was lebt

CATRINA E. SCHNEIDER

3 / *Januar*

GLÜCKSREZEPT

Man nehme zwölf Monate, putze sie ganz sauber von Bitterkeit, Geiz, Pedanterie und Angst und zerlege jeden Monat in 30 oder 31 Teile, sodass der Vorrat für ein ganzes Jahr reicht. Nun wird jeder Tag einzeln angerichtet aus einem Teil Arbeit und zwei Teilen Frohsinn und Humor. Danach füge man drei gehäufte Esslöffel Optimismus hinzu, einen Teelöffel Toleranz, ein Körnchen Ironie und Takt. Jetzt wird noch alles reichlich und mit viel Liebe übergossen. Das fertige Gericht empfiehlt sich jetzt noch mit Sträußchen kleiner Aufmerksamkeiten zu schmücken, und man serviere es dann täglich mit Heiterkeit und mit einer guten, erquickenden Tasse Tee.

CATHARINA ELISABETH GOETHE

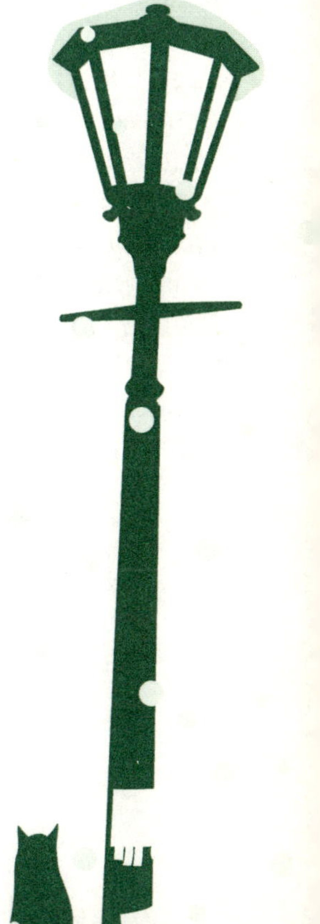

4 | Januar

WANDERKARTE

Nur wenn ich innehalte, kann ich herausfinden, wo ich gerade bin. Eine Wanderkarte lässt sich schlecht beim Laufen lesen. Um herauszufinden, wo ich bin, muss ich wissen, wo ich herkomme. Der Weg, den ich schon gegangen bin, prägt mich und hat mich zu diesem Punkt geführt. Mag sein, dass es ein schöner und guter Weg war – dann gilt es, dafür Danke zu sagen. Mag sein, dass es ein Weg mit Steinen, Bergen und reißenden Flüssen war – dann darf ich ihn hinter mir lassen und neu aufatmen. Jedenfalls: Jetzt bin ich hier. Und ich schaue mich um. Ich nehme wahr, was ist. Das kann ich am besten, wenn ich zur Stille finde. Wenn ich aus dem Jagen und Hetzen zur Ruhe gekommen bin. Wenn mir klar wird, was mir wirklich gut tut – und was ich wirklich brauche. Die Einladung steht: Mehr leben! Und was hindert mich eigentlich daran, es zu probieren?

ANDREA SCHWARZ

5 / *Januar*
JAHRESWECHSEL

Noch leer die Seiten
in meinem Kalender.
Womit
werde ich sie füllen?
Mit Schmerz oder Lachen?
Mit Tun oder Warten?
Und wie viele
werden leer bleiben?

Vielleicht
wird ein Anderer
das Ende setzen
und die Summe ziehen
von dem,
was bleibt.

WILMA KLEVINGHAUS

6 / *Januar*
AUFBRECHEN

Immer wieder neu
aufbrechen
ungute Strukturen
aufbrechen
die Ketten der Gewohnheit
aufbrechen
wie die Heiligen Drei Könige
zu neuen Zielen
die weiterführen
ganz Ungeahntes ahnen
dem Stern folgen
und den ersten Schritt
wagen

ANNA TOMCZYK

7 | *Januar*

HOFFEND UNTERWEGS

Hoffende Menschen erkennen in allem den Lebensatem Gottes, der uns verbindet mit Schöpfung und Kosmos. Hoffende Menschen lassen sich berühren von der Kraft des Augenblicks, die uns Fenster zur Ewigkeit öffnet. Sie bestärken einander zu einer leidenschaftlichen Hoffnung, damit Resignation und Ohnmacht ernst genommen und verwandelt werden. Unsere Welt braucht Frauen und Männer, die hoffend-liebend unterwegs sind, jeden Tag neu.

PIERRE STUTZ

8 | *Januar*

ALLES AUF ANFANG

der Tag gibt dir
sein sonniges Haar
in die Hände

du darfst
ein paar alte Zöpfe
abschneiden

dich an einem
neuen Anblick freuen

CORNELIA ELKE SCHRAY

9 | Januar

JÄHRLICHE AHNUNG

jährliche ahnung
zeitwimpern klimpern
lid schlägt den augenblick
gefährlich und harmlos
vergeht leben und glück

FRANK FISCHER

10 | Januar

NEULAND

Mögest du auf allen deinen Wegen
beschützt und bewahrt sein.

Der Wind stärke dir den Rücken.
Die Sonne erwärme dein Gesicht.
Der Regen erfrische dein Leben.
Alle Orte sollen dir Heimat werden.
Alle deine Wege mögen zu guten
Zielen führen.

Mögen dich deine Wege
in neue Richtungen führen.
Mögest du Mut haben,
schwankenden Boden zu betreten
und zu neuen Ufern aufzubrechen.
Mögest du Neuland gewinnen.
Gott halte dich schützend in seiner Hand.

IRISCHER REISESEGEN

11 | Januar
AUFBRUCH

Stein
dem die Adern sich öffnen
durch die Kraft
des Lebendigen

Wurzeln
erlösen ihn
aus dem Vergessen
in die Vergänglichkeit

Ich
sagt der fröhliche Mensch
bin durchwachsen vom Geist
Der hebt mich empor
zu meinesgleichen

BERND KEBELMANN

12 | Januar
STARTKLAR

ich schau mich um
noch etwas scheu
denn alles ist
so herrlich neu

die Chancen liegen
hier vor mir
wie dieses weiße
Blatt Papier

ich seh nach vorn
nicht mehr zurück
ein neuer Anfang

welch ein Glück!

ANNA TOMCZYK

13 | *Januar*

DAS GEFÜHL DES ANFANGS

Man kann gar nicht oft genug im Leben das Gefühl des Anfangs in sich aufwecken, es ist so wenig äußere Veränderung dafür nötig, denn wir verändern ja die Welt von unserem Herzen aus, will dieses nur neu und unermesslich sein, so ist sie sofort wie am Tag ihrer Schöpfung und unendlich.

RAINER MARIA RILKE

14 | *Januar*

GANZ LEISE

Noch hängt alles
am seidenen Faden.
Ganz zaghaft
diese ersten Schritte
wie neugeborene Fohlen.
Ganz langsam
dieses erste Aufrichten
wie junge Bäume
nach dem Sturm.
Ganz leise
dieses erste Lächeln
unendlich wohltuend
wie erste Sonnenstrahlen
nach langen grauen Tagen.

ANNE STEINWART

15 / *Januar*

DEN AUFBRUCH WAGEN

Wer den Aufbruch wagt,
wird wachsen
wie ein Baum.

Neues und Unbekanntes erfahren,
Wunder erleben.

Wer den Aufbruch wagt,
wird über sich hinauswachsen,
über den Horizont hinaus,
dabei die Sterne am Himmel entdecken
und den Regenbogen in den Wolken.

Wer den Aufbruch wagt,
dem wird der Blick
ins Freie, Offene geschenkt,
der kann den Weg
durch Nacht und Wüste bestehen.

Wer aufbricht,
wird die Schönheit der Schöpfung
ehrfürchtig bewundern
und bestaunen.

BENEDIKT WERNER TRAUT

16 | *Januar*

BEGINNEN

mich von der Unberührtheit des Tages
tief berühren lassen
die Fühler ausstrecken
langsam und weich
tastend neue Pfade entlangschleichen
die Verletzungen von gestern sanft berühren
das Unbekannte kennenlernen
weitergehen
wissen

Leben ist ein ewiges Beginnen

CORNELIA ELKE SCHRAY

17 | *Januar*

ÜBERGANGSZEIT

Aufbrechen
nicht ohne Wurzeln
die Erinnerung an den Ort
im Gepäck

Aufbrechen
ins Unbekannte
mit dem Brot von zu Hause

Aufbrechen
in eine offene Zukunft
mit der Erfahrung von Heimat

Aufbrechen
mit der Sicherheit
geborgen zu sein

URSULA KREUTZ

18 | Januar

DAS NEUE

Immer wieder wird ein Neues sein.
Jeder Atemzug ist nie zuvor gewesen.
Mit allem, was wir binden oder lösen,
tritt unser Fuß in neue Räume ein.

Und keinen Anfang findest du allein.
Das Gestern lebt versteckt in allen Wesen,
steht hinter dir im Guten wie im Bösen
und tritt ins Wogen deiner Träume ein.

Doch wirst du deine Hände offen halten,
dass du das Neue voll Vertrauen greifst,
wenn du durch Lichtes oder Dunkles streifst –

so wird das Neue sich aus dir entfalten
und jeden Morgen neu gestalten,
bis du zur letzten Lebensstufe reifst.

WILMA KLEVINGHAUS

19 / *Januar*

LEBENDIG

An den besonderen Tagen zwischen laut und leise, Schmerz und Freude, langsam und schnell fühlst du dich so lebendig wie selten. Du spürst deinen Mut, deine Liebe zum Leben und das Vertrauen darauf, dass alles gelingen wird. Deine Hoffnungen, Sehnsüchte und Wünsche sind stark und groß. Du bist bereit, dafür deine ganze Kraft einzusetzen. Doch nicht alles wird gelingen. Das akzeptierst du. Umso größer ist die Freude, wenn du strahlend ausrufst: Es ist geschafft!

RAINER HAAK

20 | *Januar*

GOTT DER ANFÄNGE

Du, Gott der Anfänge, segne uns,
wenn wir deinen Ruf hören,
wenn deine Stimme uns lockt
zu Aufbruch und Neubeginn.

Du, Gott der Anfänge,
behüte uns,
wenn wir loslassen
und Abschied nehmen.

Du, Gott der Anfänge,
lass dein Gesicht leuchten über uns,
wenn wir in Vertrauen und Zuversicht
einen neuen Schritt wagen.

AUS DEM ALTEN IRLAND

21 / *Januar*

ALLES IST NEU

Aufbrechen und spüren
wie der Keim des Morgens
die Nacht durchbricht

Losgehen und erleben
wie der Staub der Straße
voll Himmelslicht wird

Aufstehen und hören
wie der Engel spricht

alles ist neu

CORNELIA ELKE SCHRAY

22 / *Januar*

NEUBEGINN

Jedes Erwachen
ist ein Neubeginn:

neu wahrnehmen
was vorher war
neu sehen hören riechen schmecken

für neues Wirken
neue Möglichkeit –
zu neuem Fehlen auch
und zum Verzeihen

So schüttle ab den Schlaf
des Todes Bruder …

Als Erwachter tritt
in deinen Tag getrost
und voller Zuversicht
dass der dich weckte
dich geleiten wird

und sage Dank
dass diese Zeit
dir noch gegeben ist …

WILMA KLEVINGHAUS

23 | *Januar*

ERLÖST

Die Nacht liegt hinter mir
Die Nachtigall singt schon
Der Tag erwacht
Obwohl es noch finster ist
Wird es hell
Und heller

DORIS WOHLFARTH

24 | *Januar*

NEUES LICHT

Die Erde ist in neues Licht gehüllt,
als wolle sie zur Hochzeit sich bereiten.
In klarem Weiß sieht sie mich an,
und diese Leere ist ganz angefüllt
mit Offenheit, aus der noch alles werden kann.

Vielleicht, dass in der Kälte dieser Tage
sich neues Blühen leise Wege bahnt.
Im Schutz des Frostes geht die Sage,
dass die Natur in ihrem tiefsten Tode
schon den Gesang vom Frühling ahnt.

JUDITH MAGDALENA KORNEV-RIETMANN

25 | *Januar*

LEBENSWUNDER

Dass ich erwache
am Morgen
im Licht einer warmen Sonne
Dass meine Hände und Füße
sich regen
Dass meine Augen sehen
Dass sich der Himmel
von Neuem
über mir aufspannt

Ein Tag beginnt
ich darf dabei sein
ich trete hinaus
und staune

DORIS BEWERNITZ

26 | *Januar*

ANFÄNGE

Jeder neue Morgen ist ein neuer Anfang unseres Lebens.
Jeder Tag ist ein abgeschlossenes Ganzes.

DIETRICH BONHOEFFER

27 | *Januar*

SONNE IM HERZEN

Wir Menschen des Elektronikzeitalters kennen kaum eine wirklich schwarze Nacht, und so gut wie jederzeit ist uns Licht verfügbar. Uns dürfte die Ehrfurcht der Menschen früherer Zeiten vor der Wiederkehr der Sonne am Morgen und ihre Freude am neuen Tageslicht fremd geworden sein. Und doch: Das graue Licht eines regnerischen Tages kann uns die Stimmung genauso trüben, wie uns ein blauer Himmel und Sonnenlicht das Herz aufgehen lässt. Was für ein Glück, wenn wir mit Menschen zusammenleben dürfen, die „Sonne im Herzen tragen".

KATHARINA SEIBERT

28 | *Januar*

NEUES KANN WACHSEN

Die letzten Streifen der Nacht ziehen dahin.
Der Morgen tagt.
Und Neues kann wachsen.
Wenn das Dunkel überwunden ist
ist alles möglich.

JU SOBING

29 / *Januar*

SPUREN DES LEBENS

Mit jedem Schritt, den du tust,
und in jeder Begegnung,
die dir geschenkt wird,
hinterlässt du Spuren.
Keine deiner Entscheidungen,
keines deiner Worte,
keine deiner Gesten
kann je ungeschehen
gemacht werden.

Ich wünsche dir,
dass du Spuren der Freude hinterlässt und des Glücks,
Spuren der Hoffnung und der Liebe,
Spuren der Gerechtigkeit und des Friedens,
und dass du da,
wo du anderen weh getan hast,
Vergebung erfährst.

CHRISTA SPILLING-NÖKER

30 | *Januar*

WEISHEIT DES WINTERS

der winter
unwirtlich
dunkel
leblos
macht mir bewusst
was ich brauche
bereitet mich vor
auf die freude des frühlings
lässt mich die fülle des sommers
schätzen
gibt der ernte des herbstes
ihre bedeutung

BEATE SCHLUMBERGER

31 | *Januar*

WINTERMORGEN

Azurblauer Himmel
tief

segeln Flocken
aus gedecktem Geäst
wie Federn.

Schmelzen
watteweich

unhaltbar –
der Moment
in der Sonne.

JASNA RAUSCHERT

Februar

Vom Glück der Gelassenheit

1 | *Februar*

WINTER

Wie die Bäume und Blumen
Eine Pause brauchen
Eine lange Zeit
Eine leere Zeit
In der nichts geschieht
Als Ausruhen
Still sein und
Kraft sammeln
So auch ich

DORIS BEWERNITZ

2 | *Februar*

WAHRNEHMEN

Gönne dir einen Augenblick der Ruhe,
und du begreifst,
wie närrisch du herumgehastet bist.

CHINESISCHE WEISHEIT

3 | *Februar*

FREUDE

Ich wünsche dir,
dass dich die Freude
umwärmt,
dass du gelassen
und heiteren Sinnes
in den kommenden Stunden
wohlig versinkst
wie in einem weichen Bett
aus weißen Wolken.
Ich wünsche dir
einen Tag
voller Hoffnung
und Licht.

CHRISTA SPILLING-NÖKER

4 | *Februar*

RAUM FÜR MICH

Raum haben
sich Raum nehmen
zeitloser Raum
ohne Ansprüche von außen
eine Weile bei mir sein
ungestört

URSULA KREUTZ

5 | *Februar*

MITTELPUNKT II

Geh die Straße entlang
ohne Zeiger

biege links ab
dann rechts wieder rechts und links
geradeaus und so weiter
bis der Kreis dich erreicht
sein Mittelpunkt

Hier
fang an

ROSE AUSLÄNDER

6 | *Februar*

SEIN

In der Stille
die Zeit vergessen
mit der Zeit
die Eile weggeben

zwischen zwei Herzschlägen
das Leben erkennen
dem Himmel sagen

danke
dass ich bin

CORNELIA ELKE SCHRAY

7 | *Februar*

EIGENZEIT

Ich muss nicht alle Bälle auffangen
Meine Zeit ist kostbar
Ich muss nicht alle Bälle auffangen
Meine Zeit ist im Fluss
Ich muss nicht alle Bälle auffangen
Meine Zeit ist auch zum Genießen da
Ich muss nicht alle Bälle auffangen
Ich hüte meine Eigenzeit

GUNDELA LEENEN

8 | *Februar*

LEERER RAUM

Manchmal überkommt es mich. Meist beginnt es mit einem Gefühl, als würde die Luft knapp. Dann weiß ich: Ich muss wieder ran. Also gehe ich in den Gemüseladen um die Ecke und hole mir eine leere Bananenkiste. Die trage ich nach Hause. Und dann geht es los. In meiner Wohnung wandere ich von Schublade zu Schublade, von Regal zu Regal, und nehme den einen oder anderen Gegenstand in die Hand. Nun bin ich nicht unbedingt ein Mensch, der viel sammelt, trotzdem finde ich immer wieder Dinge, die mittlerweile unnötig geworden sind. Die ich irgendwann einmal in eine Schublade gelegt habe mit dem Gedanken: Das kannst du sicher noch brauchen. Eben diese Dinge neigen dazu, sich hartnäckig an mir festzukrallen. Sie verstopfen mein Leben. Wenn ich sie nun betrachte, weiß ich: Nein, ich brauche sie nicht mehr. Nicht heute, nicht morgen, überhaupt nicht mehr. Sie machen mich nicht aus. Sie sind mir nicht mehr wichtig. Ich lege sie in den Karton. Manchmal mit einem Seufzer, manchmal mit einem Ruck, meist aber nur erleichtert. Ist die Bananenkiste voll, schreibe ich „Zu verschenken" an ihre Seite, trete vor die Haustür und stelle sie auf die Stufen neben dem Bürgersteig. Zum Glück wohne ich in einer Großstadt. Noch am selben Abend ist die Kiste verschwunden. Immer. Ab und zu muss ich leeren Raum um mich schaffen. Um atmen und neu denken zu können. Und wenn ich diesen in meiner Wohnung schaffe, entsteht er auch in mir.

DORIS BEWERNITZ

9 | *Februar*

BEIDE HÄNDE

Der Stille die Tür öffnen
ihr beide Hände hinhalten
bis das Schleichen der Katze
das Blühen der Rose
das Lächeln des Lichts
sich tief hineinsenken
in Ohren und Hände

CAROLA VAHLDIEK

10 | *Februar*

INNEHALTEN

Wirbelndes Leben vereinnahmt dich
Handlungen, Aktion, Reaktion
Einsatz rund um die Uhr
keine Pause, keine Ruhe
immerwährend wichtige Weichen
es schmerzen die Füße deiner Seele.

Halte inne einen kleinen Augenblick
wirf ab die Hektik
sieh am Firmament die Sterne
wie still sie sind, wie ewig
lass ihr Leuchten in dein Herz
und setz voll Mut den nächsten Schritt.

MARIA SASSIN

11 | *Februar*

ERFREULICHE NACHRICHT

Einmal am Tag
nur für kurze Zeit
nichts tun
bitte nicht stören
bin mal weg
komme bald wieder
sie können warten
es geht mir gut

PETER SCHIESTL

12 | *Februar*

KINDER

Kinder
lehren innehalten
und staunen

der Weg ist ihr Ziel

dauernd kommen sie ab von ihm

FRANK FISCHER

13 | *Februar*

WOHLTUEND

Hin und wieder
in eine Falte der
Zeit eintauchen
und tagträumen

Königinnen
gleich

REGINE PLASS

14 | *Februar*

WARTE NICHT

Warte nicht
auf den
perfekten Augenblick
er liegt dir
schon zu Füßen

heb ihn auf
er ist schon da

er ist

jetzt

UTE SUNKE

15 | *Februar*

ZEIT DES UMBRUCHS

Innehalten
und den eigenen Weg
wahrnehmen

Von Überholtem
Abschied nehmen

Bereitschaft zu lassen
befreit zu Gelassenheit

Ballast abwerfen
eröffnet Raum
für Neubeginn

REGINE PLASS

16 | *Februar*

LASS GUT SEIN

Lass gut sein
die Arbeit
des Tages
lass liegen
was noch
fehlt
vertraue
dem neuen Tag
er wird
gut sein
für dich

PETER SCHIESTL

17 | *Februar*

ANNEHMEN

Hoffende Menschen verdrängen die Vielfalt der Gefühle nicht, sondern sie nehmen sie wahr, um sie verantwortungsvoll gestalten und integrieren zu können. Sie gehen durch die Gefühle hindurch zu jenem tieferen Hoffnungsgrund, der alles in einem anderen Licht aufscheinen lässt, im Licht der Ewigkeit. Echte Hoffnung und Toleranz wachsen, wo wir immer wieder neu annehmen, dass Lebenskraft und Verwundbarkeit zu einem beglückenden Leben gehören.

PIERRE STUTZ

18 | Februar

GEWESENES LOSLASSEN

Offen sein für das Neue.
Vorstellungen loslassen.
Verletzungen loslassen
und Schuld.

Nicht festhalten
an deinen oder meinen
Fehlern und
nicht an Geleistetem.

Erkennen,
was zu tun ist
und dies tun.

JASNA RAUSCHERT

19 | Februar

LASS LOS

lass los
was
dich kaputt
macht

lass los
was du doch nicht mehr
ändern kannst

lass los
wo du heute
nicht mehr
heiter und gelassen
deines weges
ziehen kannst

lass los
wo alle mühe
vergeblich ist

beginne
ganz neu
aufzuleben
in diesem augenblick

MANFRED FISCHER

20 / *Februar*

MACH DICH FREI

komm heraus aus deinem Zuviel
lass los was dich nicht kleidet
versteck dich nicht hinter
verstaubten Büchern
reise mit leichtem Gepäck

mach dich frei
lass dich los
sei leicht

weniger ist mehr

CORNELIA ELKE SCHRAY

21 | *Februar*

LEERE

Der Reifen des Rades
wird gehalten von den Speichen,
aber das Leere zwischen ihnen
ist das Sinnvolle beim Gebrauch.

Aus nassem Ton formt man Gefäße,
aber das Leere in ihnen
ermöglicht das Füllen der Krüge.

Aus Holz zimmert man
Türen und Fenster,
aber das Leere in ihnen
macht das Haus bewohnbar.

So ist das Sichtbare
zwar von Nutzen,
doch das Wesentliche
bleibt unsichtbar.

LAO-TSE

22 | *Februar*

MIT FREUDE MÜSSIG SEIN

Ich habe mich oft gefragt,
ob nicht gerade die Tage,
die wir gezwungen sind,
müßig zu sein, diejenigen sind,
die wir in tiefster Tätigkeit verbringen?
Ob nicht unser Handeln selbst,
wenn es später kommt,
nur der letzte Nachklang
einer großen Bewegung ist,
die in untätigen Tagen in uns geschieht?
Jedenfalls ist es sehr wichtig,
mit Vertrauen müßig zu sein,
mit Hingabe, womöglich,
mit Freude.

RAINER MARIA RILKE

23 / *Februar*

UNTERWEGS

auf dem fluss
des lebens fahren
ohne furcht vor dem
was hinter der nächsten biegung wartet

sich zuversichtlich
der strömung anvertrauen
mit dem ruder fest in der hand

gemächlich reisen
statt ankommen wollen
denn das unendliche meer
erwartet uns geduldig

FRANK HARTMANN

24 | *Februar*

SPINNEN-TAGE

Diese Woche
Nehme ich mir ein Beispiel
An den Spinnen im Garten:

Am Montag
Spinne ich nach Herzenslust
Und wo es mir passt
Und weder Wind noch Wetter
Weder Nachbarn noch Nachrichten
Werden mich davon abhalten

Von Dienstag bis Sonntag
Hocke ich dann unbewegt geduldig
Einfach nur faul da
Warte auf fette Beute
Tue einfach nichts
Vertraue, dass alles
Was ich brauche
Mir zufliegen wird

CAROLA VAHLDIEK

25 | *Februar*

DAS LEBEN KLOPFT AN

Die Termine
können warten
das Leben
klopft an
ein Schmetterling
hat mir
von der Sonne
erzählt
ich fliege
ihm nach
hab einen Termin
mit der Sonne

PETER SCHIESTL

26 | *Februar*

SEGEN FÜR GELASSENE

Sei erfüllt mit innerer Ruhe und gesegnet mit einem Blick, der erkennt, was zu welcher Zeit zu tun ist. Durchhaltevermögen und ein gutes Fundament seien dir eigen, damit dich, was immer kommt, nicht aus der Ruhe bringt. Gott segne deine innere Haltung und helfe dir, aus deiner Gelassenheit heraus auch auf andere heilsam zu wirken.

MICHAELA DEICHL

27 | *Februar*

SEILTÄNZER

Auf dem Seil schwebt er dahin
und sein Leben reicht immer
von Anfang zu Anfang.
Schau, wie er's gelernt hat,
Jahre hindurch
und weit
über seine Kraft hinaus.
Schau, wie er es hält,
mit einem Lächeln,
das Gleichgewicht.

MAX BOLLIGER

28 | *Februar*

WAS KOMMT

Vor verschlossenen Türen warten lernen.
Keine Angst haben
im ungelegenen Augenblick zu kommen,
falsch verstanden zu werden,
den Erwartungen nicht zu entsprechen,
sich zu verändern.
Nicht vergessen, dass wir älter und älter werden,
aber nicht automatisch (un)glücklicher.
Dich kommen lassen.
Die eigenen Grenzen erkennen
und deine Grenzenlosigkeit ahnen,
Gott,
das wäre schon viel.

WOLFGANG ABENDSCHÖN

29 | *Februar*

IM GRÜN DES MOOSES

Im Grün des Mooses
ruhe ich
bette mich
kühle mir die Stirn
finde Stille
lausche dem Wachsen des Grases
finde
endlich
Frieden

CAROLA VAHLDIEK

März

Das Glück der kleinen Dinge

1 | März

WAS GLÜCK IST?

Ein Morgen nach der Nacht
Frühling nach Winterschnee
Erzählen nach Schweigen
Lachen nach Stille
Leben nach Sterben

Wunder sehen …

STEFANIE ENGELHARDT

2 / *März*

TULPEN

Ab Mitte Januar gibt es in meinem Blumengeschäft Tulpen zu kaufen, zehn Stück für 2,50 Euro, farblich bunt gemischt. Es sind wohl Tulpen zweiter oder dritter Wahl – mal ist ein Blatt eingerissen, dann wieder ist der Stängel etwas schief. Ich mag sie trotzdem … Sie tun mir einfach gut. Denn Ende Januar fange ich an, die Lust am Winter zu verlieren. Die Tulpen sind wie ein Versprechen: Auch diesmal wird der Frühling kommen! Und selbst, wenn es nochmal schneit, erzählen sie mir schon von dem, was kommen wird. Hoffnungen und Visionen brauchen Zeichen, brauchen Farben, manchmal auch Melodien.
Und das ist in meinem Leben nicht anders. Nur – die Tulpen im Winter meines Lebens kann ich nicht für 2,50 Euro kaufen. Die bekomme ich geschenkt – wenn ich meine Augen und Ohren und mein Herz dafür aufmache. Kleine, bunte Zeichen, nicht immer erster Wahl, manchmal sogar ein wenig lädiert. Ein Lächeln, eine Umarmung, ein wunderschöner Sonnenuntergang, die Wildgänse am Himmel …

ANDREA SCHWARZ

3 / *März*

WAS UNS GLÜCKLICH MACHT

Nicht die großen Dinge
im Leben machen uns glücklich.
Es sind die kleinen Glücksmomente.
Wenn wir mit dem Herzen sehen,
fallen sie uns wie reife Früchte
in den Schoß.
So wächst aus vielen kleinen
Glücken das große Glück –
Zufriedenheit

GABRIELA PAYDL

4 | *März*

REICH BESCHENKT

Immer wieder können wir erleben, dass wir manches bekommen, ohne etwas dafür zu tun. Die Natur beschenkt uns jahrein, jahraus: Im Frühling fasziniert uns das Erwachen der Natur, die Blütenpracht der Bäume. Während des Sommers können wir sehen, wie die Früchte reifen. Viele genießen die Wärme der Sonne. Im Herbst können wir über die Farben der Blätter staunen. Und im Winter ist vielerorts die Landschaft durch eine Schneedecke verzaubert. Aber auch der Gruß einer Nachbarin, der herzliche Dank eines Mitarbeiters, die spontane Hilfe eines Kollegen, die unerwartete Frage eines Kindes können uns erfreuen.

MAX FEIGENWINTER

5 | *März*

SCHÜCHTERN

Das kleine Glück
steht an der Straße,
es schaut herüber
und traut sich nicht.

Wer hätte gedacht,
dass es schüchtern ist?

Kommt einer ihm
freundlich entgegen,
so wagt es vielleicht
einen ersten Schritt.

TINA WILLMS

6 | März

WENN ER KOMMT

Der eine kleine Augenblick
in dem das Glück
leis die Hintertüre öffnet
und es im Herzen
wie von Zauberhand
allüberall
zu leuchten beginnt

ISABELLA SCHNEIDER

7 | März

ALLTAGSGESICHT

Das kleine Glück
hat ein Alltagsgesicht
und trägt einen grauen Mantel
über dem hellen Kleid.

Lass uns
einen Kaffee trinken,
sage ich.

Da beginnt es zu lächeln
und legt seinen Mantel ab.

TINA WILLMS

8 / März

EINE AHNUNG VON GLÜCK

Nicht fragen
was wäre
sehen was ist
nicht warten
was kommt
nehmen was ist
spielen
mit dem was ist
eine Ahnung
von Glück

PETER SCHIESTL

9 / *März*

BLICKRICHTUNG

Was ist schon richtig glücklich sein?
Kann man auch falsch glücklich sein?

Gib deiner Sehnsucht Raum,
streck die Nase aus für einen Regenbogen,
die Hand für ein paar Kirschen,
und deine Fühler für das immer wieder
allerkleinste Wunderbare,

das wird schon klappen …

CORNELIA ELKE SCHRAY

10 | *März*

TAUSEND DINGE

Ich wünsche dir,
dass du dich heute
über 1000 Dinge freuen kannst.
Vielleicht über ein Gänseblümchen,
über ein ehrliches Kompliment,
über ein fröhliches Lachen,
über eine pünktliche Bahn,
über eine gute Tasse Kaffee,
über eine erledigte Aufgabe,
über zwei Eichhörnchen im Garten,
über ein freundliches Gespräch,
über einen lange erwarteten Anruf,
über deinen Lieblingsbaum im Park,
über einen überraschenden, lieben Besuch,
über eine herzliche Einladung.
Das sind schon mehr als 1000?
Ob du dich heute Abend
noch an alles erinnern kannst?

RAINER HAAK

11 | *März*

GLÜCK

Glück ist: im Moment verweilen,
so, als wenn's nur diesen gäb'.
Glück ist: froh durch Wiesen eilen,
so, als wenn's nur Wiesen gäb'.

Glück ist: zwischen Zeilen lesen,
Klee, der unter Steinen ist.
Glück ist lieben, Glück ist teilen,
was zu viel für *einen* ist.

JÖRN HELLER

12 | *März*

KLEINES GLÜCK – GANZ GROSS

das kleine Glück
es liegt in einer Muschelschale
in einem Singschwan über mir
in einem klaren Bach im Tale
und mitten in dir –
da wird das kleine Glück
ganz groß
wie macht es das bloß?

EVA-MARIA LEIBER

13 | *März*

DEN TAG LEBEN

Dem Wind
vertrauen
forttragen lassen
absichtslos
dahingleiten
mühelos
geschehen lassen
den Tag leben
ohne Kampf
die Waffen ablegen
Frieden schließen
mit mir
getragen
vom Wind

PETER SCHIESTL

14 | *März*

STAUNEND

Staunend
öffnet der neue Tag
seine Augen,
erwartungsvoll
blickt er dich an.
Wie wirst du
seine Stunden füllen,
welche Augenblicke
des Glücks
kannst du ihm entlocken,
mit welcher Freude
will er dich überraschen?
Vielleicht wird er –
später einmal –
in deiner bleibenden
Erinnerung sein.

CHRISTA SPILLING-NÖKER

15 | *März*

HAUSTÜRGLÜCK

immer wieder
von der Lust am Leben
über die Schwelle getragen
tief und heilig einatmen
von der Sonne beschienen
hüpfen tanzen lachen
Schwester Katze begrüßen
und Bruder Himmel
mit den Fingern streicheln

umarmt von einem
neu geschenkten Tag

CORNELIA ELKE SCHRAY

16 | März

KALEIDOSKOP

All
die kleinen Glückssplitter
in den Ritzen der Tage versteckt,
um gefunden zu werden,
all die liebenswerten
Kinkerlitzchen
hier und da,
manchmal wunderbar
verrückt,
das große Bunte im Blick,
denn zwischen
Immer und Nie
ist ganz viel Raum
für Fantasie.

ISABELLA SCHNEIDER

17 | *März*

GRATIS

meine kleidung muss ich bezahlen
meine schönheit nicht
für mein auto muss ich zahlen
für meine fähigkeit zu laufen nicht
bücher muss ich bezahlen
geschichten erfinde ich selbst
für das solarium bezahle ich
die sonne scheint gratis
ich bezahle parfum
die blumen duften kostenlos

das schönste im leben
ist geschenk

SABINE HEUSER

18 | *März*

GANZ NAHE

Ich muss nicht weit fahren
um Glück zu erfahren
ich bin
Gott auch
ich spüre ihn
wie einen Hauch
voll Leichtigkeit
und tiefem Glück
in mir
vom Paradies
ein Stück

ANNA TOMCZYK

19 | *März*

GUT GEMACHT!

Auf das Gute zu schauen können wir jeden Tag üben. Es geht darum, dass wir uns entsprechend einstellen, das Positive wahrnehmen, uns daran erfreuen, mit anderen darüber sprechen, es vielleicht auch aufschreiben. Manchmal kann es gut sein, uns an Positives zu erinnern. Kleine Symbole können dabei helfen, schöne Ereignisse nicht zu vergessen. Manchmal ist es aber auch so: Wir bemühen uns jeden Tag, gute Arbeit zu leisten, Gutes zu tun. Doch es wird nicht gesehen oder anerkannt. Wir dürfen uns dann selbst auf die Schultern klopfen und uns sagen: „Das habe ich gut gemacht, ich freue mich."

MAX FEIGENWINTER

20 / *März*

TAGESPENSUM

Ab und zu
einen weißen Schmetterling
vorbeiflattern sehen
eine Biene summen hören
einen glänzenden Käfer beobachten
ein Gänseblümchen nicken sehen

Wolkentiere zählen
und hin und wieder
den Grashalmen zulächeln
Mehr nicht

Heute
genügt das

CAROLA VAHLDIEK

21 | *März*

DAS GLÜCK HEREINLASSEN

Ich kann das Glück nicht aufschieben. Es ist zum sofortigen Gebrauch bestimmt. Wenn das Glück bei mir anklopft, kann ich nur die Tür öffnen und es hereinlassen. Ich habe gerade so viel zu tun? Ich muss mich auf Wichtigeres konzentrieren? Schade, denn wenn das Glück nicht willkommen ist, zieht es schon bald weiter. Heute werde ich das Glück willkommen heißen und mich an ihm erfreuen.

RAINER HAAK

22 | *März*

AM ABEND

Zur rechten Zeit
entspannen

In den verdienten Schlaf
fallen

Auf weichen Kissen
liegen

Geborgen träumen
vom groß-kleinen Glück

CHRISTEL ANDERS

23 / *März*

EINE BANK IM PARK

Eine Bank
im Park entdecken,
eine verwunschene Bank,
auf der lange niemand mehr
gesessen hat,
überwuchert von Farn,
die Farbe abgeblättert,
lädt sie dich ein
zum Platznehmen,
zum Ausruhen,
zum Träumen …

UTE LATENDORF

24 | *März*

DER MORGEN

Mit abertausend Gesichtern
Wolkenwangen
Sonnenaugen
Luftlippen
Windohren

staunt der Morgen
aufwärts
und
wir staunen mit ihm

ROSE AUSLÄNDER

25 | *März*

REZEPT FÜR STADTMENSCHEN

Wenn ich manchmal völlig
neben mir stehe
Gehe ich raus auf den Acker
wo ich viel Himmel sehe

Tags ist er meist zerklüftet
nachts sind die Sterne da
Mein Hirn wird gut durchgelüftet
und alles ist wieder klar

DORIS BEWERNITZ

26 | *März*

HEUTE

Ich weiß
wie es aussieht
überall und nirgendwo.
Das Durcheinander ist alt
das Chaos bleibt
lebenslänglich
so vieles ist zu tun.
Aber heute will ich
einen Platz für mich
will die Sonne
den Himmel
so selten hat er dieses Blau.
Will spüren
dass meine Füße
leicht sein können
heute will ich mich freuen
dass es mich gibt.

ANNE STEINWART

27 | *März*

EINFACH DA SEIN

Den Alltag anhalten
Die Wiesen anschauen
den Baum
die Vögel
Einswerden mit Blättern
und Flügeln
mit Wolken und Wind
Geborgenheit spüren
Da sein
genau in diesem Moment
einfach da sein
wie ein Kind

ANNE STEINWART

28 | *März*

UMARMT

ein einzigartiger
unwiederbringlicher Augenblick
hat mich mit der Güte
eines Sonnenmorgens
und der Hoffnung
eines Schmetterlings
in seine Arme geschlossen
festgehalten
für einen Hauch Ewigkeit

umarmt
tanze ich
in den Tag

CORNELIA ELKE SCHRAY

29 / *März*

GROSSE PAUSE

Anhalten,
das Fenster öffnen
und einfach warten,
bis das ein oder andere
neugierig die Nase
ins Freie steckt
und sich auf leisen Sohlen
von selbst davonmacht.
Manches nimmt sich mehr Zeit,
lässt sich gerne bitten
und braucht gar einen Schubs,
um endlich das Weite zu finden,
damit aus dem Herzen
keine Abstellkammer
für alles Mögliche wird.

ISABELLA SCHNEIDER

30 | *März*

DANKBAR UND GLÜCKLICH

Umfragen zeigen immer wieder: Dankbare Menschen sind meistens auch glückliche Menschen. Wofür bin ich dankbar? Ich will meine Augen und vor allem mein Herz für die Dankbarkeit trainieren. Danke, so fange ich zaghaft an. Danke für diesen Morgen. Danke, dass ich satt werde. Danke, dass ich mich gern überraschen lasse. Danke, dass ich etwas tun kann, worüber ich mich freue und andere Menschen auch.

RAINER HAAK

31 | *März*

FRÜHLINGSTAGE

es ist als ob es Engel wären
die das Licht im Frühling
von weither herantragen

es ist als ob der Himmel
plötzlich wieder Flügel bekäme
so hell so weit so zart

es ist als hätte die Erde
doch nicht verlernt beim Einatmen
ganz leise hellblau zu flüstern

ich fühl mich so leicht

CORNELIA ELKE SCHRAY

April

Das Leben erwacht, das Glück blüht auf

1 | April

AUFERSTEHUNG

Der Geruch von Erde nach diesem Winter –
Ich grabe meine Hände hinein,
eine Handvoll Erde an meinem Gesicht,
Geruch von früher –

Eine Handvoll Erde für dich.
Blumen wachsen daraus,
dir – mir,
die Auferstehung hat schon begonnen.

EVA-MARIA LEIBER

2 | April

VOLLER HOFFNUNG

Den Stein
vom Grabe getragen

nicht trauern
hoffen

Ostern
Frühling
Zuversicht
Glück

CHRISTEL ANDERS

3 / *April*

PLÖTZLICH

Das Leben
plötzlich anders

plötzlich
offen

plötzlich
neu

neugierig
Auf geht's

MONIKA OBERREUTER

4 / *April*

OSTERGLOCKEN-ZEIT

Stille Tage
Der Winter ist gegangen
Doch noch kein Frühling in Sicht
Hör nur
Ein leises Läuten
Und schau
Ein kleines Strahlen
Eine Osterglocke
Lässt erahnen
Dass Leben wächst
Und stärker ist und sein wird
Als alle Kälte, alle Nacht …

DORIS WOHLFARTH

5 | *April*

MORGENSONNE

Aufstehen! Aufstehen aus meiner Geducktheit, meiner Zerbrochenheit, meinem Dunkel. Gottes Liebe umgibt mich und führt mich der Auferstehung entgegen. Aber wie zeigt sich Auferstehung? Vielleicht, wenn mitten im Leben ein Stück Himmel aufblitzt, für einen Moment eine andere Wirklichkeit erfahrbar wird: Wenn ein neugeborenes Kind das erste Mal schreit, mich ein Mensch umarmt, ein Stern am Himmel steht, die Wildgänse nach Norden ziehen, ein Stiefmütterchen dort blüht, wo ich nie eines gepflanzt habe. Momente, in denen ich mich berühren und bewegen lasse. Dann lasse ich los, was mich festhält. Ich werfe ab, was mich duckt und klein macht. Ich atme auf, gehe der Morgensonne entgegen. Auferstehung ist nicht damals und dort – sie ist hier und jetzt! Auferstehung meint nicht irgendjemand – sondern mich. Es ist meine Entscheidung.

ANDREA SCHWARZ

6 | *April*

LANGSAM DER SONNE ZU

Von den
Hügeln ins Tal
taut es
Von den Bergen
rinnts
Frühling
Der Vogelton
wächst
langsam der
Sonne zu
Ich spüre mein Herz
Nach den Qualen
des Winters
ist es ganz
leicht

JU SOBING

7 | *April*

DAS GRÜN

Aus der Dürre
das Grün
kämpft sich
empor
will jetzt
ans Licht

Es sah so
aussichtslos aus

GUNDELA LEENEN

8 | April

LASS MICH FLIEGEN

Unter meinen Füßen

wächst das erste Gras
leise nickend grüßt
Familie Gänseblümchen
rufen Schneeglöckchen
nach der Sonne

lass mich fliegen
mein Gott
damit ich nichts
von diesem Glück
zertrete

CORNELIA ELKE SCHRAY

9 / *April*

BALD …

Am Ende des Winters
sich trotzig erinnern
an den Frühling
der noch in jedem Jahr
gekommen ist.

Beharrlich
die Hoffnung
im Blick behalten:

Bald wärmt die Sonne das,
was ausgekühlt ist,
und lockt das,
was verborgen ist,
ins Licht.

TINA WILLMS

10 / *April*

EIN NEUER FRÜHLING

Mir ist
Als säße ich
Stunden schon
Tage
Wochen
Wartend

Mir ist
Als breche endlich
Millimeterweise
Die Krume auf
Als sei da
Eine Spitze Grün

Mir ist
Als wachse endlich
Ein neuer Frühling
In mein Herz
Unaufhaltsam

CAROLA VAHLDIEK

11 | *April*

KNOSPEN UND BLÜTEN

Nicht nur in der großen, sichtbaren Welt, sondern auch in der kleinen in mir gibt es Knospen und Blüten, neue Aufbrüche und vorsichtige Versuche, gute Ideen und viel Fantasie. Ich will die Knospen und zarten Pflanzen in mir schützen vor aufdringlichen Menschen. Ich will meine Träume leben, ohne auf die vielen Besserwisser zu hören. Ich will weiter Neues wagen, ohne den Übervorsichtigen zu folgen.

RAINER HAAK

12 | *April*

WANDLUNG

So wie eine Pflanze treibt,
wird alles neu und nichts, das bleibt.
Weil jede Tat und jede Handlung
strebt aus sich heraus zur Wandlung.
Doch nichts geht jemals ganz verloren,
wird stets in neuer Form geboren.

MARLIES KEMPTNER

13 | April
AUFBRUCH

Auf-brechen
Etwas in mir
Bricht auf
Löst sich
Öffnet sich weit
Und erwartend
Dem Weg
Den Begegnungen

Verwundungsgebrochenes
Noch einmal ansehen
Es durch-schauen
Und im tröstenden Streicheln
Zarter Bejahung
Vernarben lassen

Festen Schrittes neu aufbrechen
Wie eine Knospe springt
Und aus Narbengewebe
Leuchtende Blüten treiben
Hoffnungsgrüne Neuanfänge wagen
Jeden Tag.

MARIA SASSIN

14 | April
MORGENNEBEL

Nebel
Am Morgen
Noch alles verschleiernd
Doch Licht durchbricht
Den sanften Vorhang
Bringt aus dem Nichts
Den neuen Tag

DORIS WOHLFARTH

15 | *April*

APRIL

Die Welt riecht süß
nach Gestern.
Düfte sind dauerhaft.

Du öffnest das Fenster.
Alle Frühlinge
kommen herein mit diesem.

Frühling der mehr ist
als grüne Blätter.
Ein Kuß birgt alle Küsse.

Immer dieser glänzende glatte
Himmel über der Stadt,
in den die Straßen fließen.

Du weißt, der Winter
und der Schmerz
sind nichts, was umbringt.

Die Luft riecht heute süß
nach Gestern –
das süß nach Heute roch.

HILDE DOMIN

16 | *April*

ENTSCHLEUNIGUNG

Ich will nicht hetzen und Zeit gewinnen. Ich will ruhig arbeiten, mir Zeit lassen, Pausen gönnen und mich freuen an dem, was möglich ist. Oft erfahre ich, dass in Zeiten, da ich wenig mache, viel Neues entsteht. Ich will mich in all der Raserei nicht verlieren. Ich wehre mich gegen alle Hetze, will in Ruhe wachsen lassen, was angelegt ist; freue mich an allem, was gelingt – und staune, wie viel es ist.

MAX FEIGENWINTER

17 | *April*

KRAFTORTE

Schutzraum
brauchst du
Momente des Innehaltens
mitten im Alltag

Rückzugsplätze
brauchen wir
Momente des Auftankens
um Gedanken und Gefühlen gerecht zu werden
mitten im Tag

Kraftorte
brauchst du
Momente der gegenseitigen Stärkung
damit du der Gerechtigkeit
eine neue Chance geben kannst

PIERRE STUTZ

18 | April

MORGENROT

Morgenrot
du hast mich
engelshändig geweckt

kannst du mir noch zeigen
wie man sein Herz
in die Hand nimmt

und völlig neue Wege
geht?

CORNELIA ELKE SCHRAY

19 | April

KOMM FRÜHLING

die Knospen brechen auf
ich breche aus dem Winter aus
frische Liebkosungen
der Anblick von Anemonen
Veilchen und frühen Faltern
die Erde zittert unter dem Gras
bebt in meinem Herzen
wird zur Sonnenwelle
zum Lebenswind

komm Frühling
komm über mich …

CORNELIA ELKE SCHRAY

20 / *April*

FRÜHLINGSGLAUBE

Die linden Lüfte sind erwacht,
Sie säuseln und weben Tag und Nacht,
Sie schaffen an allen Enden,
O frischer Duft, o neuer Klang!
Nun, armes Herze, sei nicht bang!
Nun muss sich alles, alles wenden.

Die Welt wird schöner mit jedem Tag,
Man weiß nicht, was noch werden mag,
Das Blühen will nicht enden,
Es blüht das fernste, tiefste Tal:
Nun, armes Herz, vergiss die Qual!
Nun muss sich alles, alles wenden.

LUDWIG UHLAND

21 / *April*

FRÜHLING

Sonnenstrahlen aufsaugen
wie ein Schmetterling
auf seinem ersten Flug
süßen Nektar trinkt
sich labt und stärkt
die Flügel entfaltet
dann mit neuer Kraft
himmelaufwärts gaukelt
und Herzen erfreut.

MARIA SASSIN

22 | *April*

ALLÜBERALL …

Allüberall Frühling in der Luft!
Lang gehegte Wünsche werden frisch begrünt,
Knospen wird der Winterschlaf ausgetrieben,
Grünschnäbel pfeifen auf das Vergangene und
Gräser spitzen ihre Halme dazu!
Das Gestern ist keine frostige Erinnerung mehr wert,
Hoffnung wurzelt Herz über Kopf, allüberall
in vielerlei Gestalt,
und die Erde atmet nichts als neues Leben!

ANGELIKA WOLFF

23 | *April*

FRÜHLINGSVERSPRECHEN

Erneut geheimnis- und verheißungsvoll
das Lichtgewand des jungen Frühlings!
Zeit, letzte Schatten zu jäten,
übermütig Glück zu verstreuen
aus raschelnden Samentütchen.
In Klängen zu baden im Paradiesgärtlein,
innezuhalten auf der Schwelle des Augenblicks
oder eine Hängematte zu häkeln
aus Sonnenfäden und Frühlingsluftmaschen
und sie in die blühenden Kirschbäume zu hängen!

ANGELIKA WOLFF

24 | *April*

KNOSPEN

Manchmal, wenn du meinst,
das Leben sei leer
und habe dir
nichts mehr zu bieten,
blüht es neu auf,
und du bist überrascht
von seiner Schönheit und Fülle.
Es gibt Knospen des Vertrauens,
Blüten der Lebensfreude
und unterschiedliche
Pflanzen der Hoffnung.
Du findest sie tief in dir.

RAINER HAAK

25 | *April*

VON BÄUMEN LERNEN

Die Mystikerin Hildegard von Bingen verweist in ihrer Gesundheitslehre auf die Heilkraft der Bäume. Jene heilende Kraft, die uns einen gesunden Lebensrhythmus aufzeigt, in dem wir jeden Tag das Geschenk des Lebens auskosten können und zugleich die Verletzlichkeit und Endlichkeit des Lebens annehmen. Bäume lehren uns im Frühjahr die Kunst des Aufblühens und im Herbst die Fähigkeit zum Loslassen. Sie erinnern mich an die göttliche Vertrauenskraft in mir, die mich zum lebenslangen Werden entlastet, damit ich über mich selbst hinauswachsen kann.

PIERRE STUTZ

26 | *April*

SCHLÜSSELBLUME

Leise verneigt sie sich
vor der Sonne
webt zärtlich
einen Hoffnungsfaden
ins Gebet der Erde

ihr Anblick
schließt mir
den Frühlingshimmel auf

CORNELIA ELKE SCHRAY

27 | *April*

FRÜHLINGSWUNSCH

Ich wünsche dir,
dass Gottes schöpferischer Charme
dich anlächelt in diesen Tagen:

Am Morgen
zieht der Mohn
seinen Hut vor dir
und der Frühlingswind
streicht dir
als himmlischer Gruß
durchs Haar.

Gott freut sich,
– da bin ich gewiss –
wenn du
sein Lächeln erwiderst.

TINA WILLMS

28 | *April*

FRÜHLINGSSEGEN

Möge deine Seele
ihr Winterkleid ablegen

Mögen deine Tage
ergrünen

Möge Hoffnung in dir
knospen
und Freude
aufblühen

Mögest du voll Zuversicht
im Garten deines Lebens
aussäen,
was wachsen soll

KATJA SÜSS

29 | *April*

JEDE MINUTE

Kostbar der Herzschlag
jeder Minute
sie schenkt dir den Atem
erlaubt dir anzufangen
aufs neue

In deinem Augenstern
kreist die verwirrende Welt
ruht das Himmelsherz
jede Minute

ROSE AUSLÄNDER

30 / *April*

FRÜHLINGSGLÜCK

endlich wieder
das Rufen der Amseln am Morgen
und Sonnenstrahlen
die über die Bettdecke krabbeln
Licht das so herrlich jung wirkt
und Krokusse tanzen lässt

endlich wieder
mit hellem Herzschlag leben
und spüren

Glück kann
niemals zu viel Glück sein

CORNELIA ELKE SCHRAY

Mai

Das Glück und die Liebe

1 | *Mai*

GEHEIMNIS DER LIEBE

Wo zwei Menschen alles voneinander wissen, wird das Geheimnis ihrer Liebe zwischen ihnen unendlich groß. Das Wissen hebt das Geheimnis nicht auf, sondern vertieft es. Dass der Andere mir so nahe ist, das ist das größte Geheimnis.

DIETRICH BONHOEFFER

2 | *Mai*

INS LEBEN VERLIEBT

Bin drauf und dran
mich zu verlieben
ins Leben
auf dem besten Weg
ihm das Ja-Wort
zu geben
unsere Flitterwochen
beginnen
jeden Tag neu

PETER SCHIESTL

3 / *Mai*

IN DEINEN AUGEN EIN LÄCHELN

In deinen Augen ein Lächeln,
das mich verzaubert,
das mich anzieht und neugierig macht,
das mir die Angst nimmt.

In deiner Stimme so viel Nähe,
die mich überrascht,
die mir wohltut,
die mir Wärme und Geborgenheit schenkt.

In deinen Worten so viel Lachen,
das mich ansteckt,
das Lebenslust ausstrahlt,
das mir Mut und Freude zuspricht.

In deinen Händen so viel Zärtlichkeit,
die mich nicht überwältigt,
die meinen Panzer durchbricht,
die mich das Leben spüren lässt.

KATHARINA SEIBERT

4 / *Mai*

OHNE LIEBE

Klugheit ohne Liebe macht gerissen.
Freundlichkeit ohne Liebe macht heuchlerisch.
Ordnung ohne Liebe macht kleinlich.
Sachkenntnis ohne Liebe macht rechthaberisch.
Macht ohne Liebe macht gewalttätig.
Ehre ohne Liebe macht hochmütig.
Besitz ohne Liebe macht geizig.
Glaube ohne Liebe macht fanatisch.

ÜBERLIEFERT

5 / *Mai*

LIEBESGARTEN

Die Morgenstunde wäre nur halb so erfrischend
Die Blumendüfte nur halb so betörend
Das Zwitschern der Vögel nur halb so zauberhaft
Der Sommerabend nur halb so lauschig
Die Rotweinstunde nur halb so gemütlich

Kärglich wäre es um meinen Garten bestellt
ohne diese schönste und bezauberndste
aller Blumen,
die LIEBE heißt

GERHARD HEILMANN

6 | *Mai*

ANFANG UND ENDE …

Anfang und Ende
Unter dem Regenbogen
im Spektrum der Farben
finden getrennt wir
zusammen

Suchen
hoffen
gestalten neu
unser Leben

Wurzeln in
Himmel und Erde
wachsen ins Glück

CHRISTEL ANDERS

7 | *Mai*

ALLES

Alles
was ich bin
bin ich
in der Liebe
weil
ich liebe

FJODOR M. DOSTOJEWSKI

8 | *Mai*

TEPPICH DER LIEBE

Über die ganze trockne Welt ist dieser grüne, geheimnisvolle Teppich der Liebe gezogen. Mit jedem Frühjahr wird er erneuert, und seine seltsame Schrift ist nur dem Geliebten lesbar wie der Blumenstrauß des Orients. Ewig wird er lesen und sich nicht satt lesen und täglich neue Bedeutungen, neue entzückendere Offenbarungen der liebenden Natur gewahr werden.

NOVALIS

9 | *Mai*

ENGEL DER LIEBE

Heute lade ich dich ein
Engel der Liebe
in meinem Herzen
Platz zu nehmen
Vielleicht bringst du
einen großen Topf roter Farbe mit
Wir wollen gemeinsam
meine Welt
in deine Farbe tauchen

CAROLA VAHLDIEK

10 | *Mai*

TAG FÜR TAG

Nach dem ersten Blick
einen zweiten wagen.
Hinter dem Lärm
die Stille hören.
Unter den Worten
die Sehnsucht spüren.
Mitten im Dunkel
ein Licht vermuten.
Über dem Sterben
das Leben erhoffen.
Der Liebe trauen
Tag für Tag.

TINA WILLMS

11 | *Mai*

NATUR

Wenn Sie sich an die Natur halten, an das Einfache in ihr, an das Kleine, das kaum einer sieht, und das so unversehens zum Großen und Unermesslichen werden kann; [...] Dann wird Ihnen alles leichter, einheitlicher und irgendwie versöhnender werden, nicht im Verstande vielleicht, der staunend zurückbleibt, aber in Ihrem innersten Bewusstsein, Wachsein und Wissen.

RAINER MARIA RILKE

12 | *Mai*

WERT

Ich bin da
Sagst du, Herr
Immer
Versprichst du mir

Trost
Sprichst du mir zu
Umhüllst mich
Mit Liebe

Noch zweifelnd
Beginne ich, sie einzulassen
Noch zögernd
Beginne ich zu verstehen
Dass auch ich
Deiner Liebe wert bin

CAROLA VAHLDIEK

13 / *Mai*

IST DAS NICHT GLÜCK?

Wenn wir
im Gleichmaß
unserer Schritte
im selben
Takt unserer Herzen
Hand in Hand gehen
meine in deiner Schutz sucht
wie ein Vögelchen
in seinem Nest

wenn wir
die Sternschnuppe
am Himmelszelt
zur gleichen Zeit
entdecken
ist das nicht Glück?

GABRIELA PAYDL

14 | *Mai*

WETTERBERICHT

Ein großes Hoch weht mir
aus deinem Lachen entgegen,
Gewitter haben sich
an den Rand einzelner Wüstentage
zurückgezogen,
Niederschläge
bis auf weiteres keine,
sonnenwarm weht der Wind
wohl auch übermorgen noch
über unseren Köpfen,
die gefühlte Temperatur ist,
sagen wir mal hellblau und weich,
Hand in Hand vertreiben wir
jeden Tiefdruck.

Auf den Wetterbericht,
können Sie sich freuen,
verkündet die Nachrichtensprecherin …

CORNELIA ELKE SCHRAY

15 | *Mai*

ZU ZWEIT

Gleichzeitig aufbrechen
wie zwei Bergsteiger
und doch jeder das
eigene Tempo halten.

Gleichzeitig losfahren
wie mit einem Tandem
und dann doch
auf den eigenen Drahtesel
umsteigen.

In eine Richtung blicken
und doch jeder
das Eigene im Auge behalten.

Immer wieder Ja sagen und doch
die Freiheit zum Nein haben.

CAROLA MERKEL

16 | *Mai*

DIE LIEBE

Die Liebe hemmet nichts;
sie kennt nicht Tür noch Riegel
Und dringt durch alles sich;
Sie ist ohn' Anbeginn,
schlug ewig ihre Flügel,
und schlägt sie ewiglich.

MATTHIAS CLAUDIUS

17 | *Mai*

LIEBESLIED

Wie soll ich meine Seele halten, dass
sie nicht an deine rührt? Wie soll ich sie
hinheben über dich zu andern Dingen?
Ach gerne möchte ich sie bei irgendetwas
Verlorenem im Dunkel unterbringen
an einer fremden stillen Stelle, die
nicht weiterschwingt, wenn deine Tiefen schwingen.
Doch alles, was uns anrührt, dich und mich,
nimmt uns zusammen wie ein Bogenstrich,
der aus zwei Saiten eine Stimme zieht.
Auf welches Instrument sind wir gespannt?
Und welcher Spieler hat uns in der Hand?
O süßes Lied.

RAINER-MARIA RILKE

18 | Mai

HERZSCHLAG DER LIEBE

Leichtfüßig
trägst du meine Erdenschwere

dein steinernes Schweigen
entlockt mir das Wort

deine Farben
aus Wasser und Luft
wecken mir
Glauben und Hoffnung

deine Adern aus Erde
pochen den Herzschlag der Liebe

ELISABETH BERNET

19 | Mai

LEBENDIGES GLÜCK

wie das geht
weiß ich nicht
aber genieße es
jeden Tag, den ich es bekomme
jeden besonderen Morgen
mit meinem lebendigen Glück
gemeinsam unter der Decke

ELVIRA LAUSCHER

20 | *Mai*

VOM ALTERN

Der Liebe wird alles wichtig und lieb:
eine Schattenmulde in der Wange,
das Runzelgeflecht ums Auge,
eine Kindheitsnarbe unter den Zehen,
ein verborgener Makel der Haut,
eine sichtbarer werdende Ader
und die kahle Stelle im Haar.

Jeder Verlust wird auch Gewinn
und mehrt die Erinnerung.
Treuer als Lust macht Zärtlichkeit,
der Schmerz um Vergängliches erneuert.
Aus den Filtern behutsamer Trauer
bergen wir die Schönheit, die bleibt.

CHRISTINE BUSTA

21 | *Mai*

FÜR ANDERE SEIN

Es gibt kaum ein beglückenderes Gefühl,
als zu spüren, dass man für andere Menschen
etwas sein kann.

DIETRICH BONHOEFFER

22 | *Mai*

WUNDER DER LIEBE

Die Liebe blüht
wie eine Frühlingswiese,
wärmt wie Sommersonnenstrahlen,
leuchtet wie das Farbenspiel des Regenbogens,
bleibt ein Geheimnis wie der Sternenhimmel.

MARION SCHMICKLER-WEBER

23 | *Mai*

GLÜCK IST …

Manchmal ein wenig Zeit
Mit dir sein zu dürfen
Dich zu spüren
Neben mir
Mich zu spiegeln
In deinen Augen

Glück bist
Du

CAROLA VAHLDIEK

24 | *Mai*

BEGEISTERT

Der Himmel:
Ein Funken,
einmal entfacht,
breitet er sich
züngelnd aus,
wird zum Lauffeuer,
das um sich greift.

Es erfasst
mich und dich,
brennt in uns,
schafft sich Raum,
bis die Liebe
in warmen Farben
leuchtet durch uns.

TINA WILLMS

25 | *Mai*

SAMEN DES GLÜCKS

Du schenkst mir
so vieles
wie nebenbei
Geschenke
der Liebe
die Worte nicht kennen
mein Herz erkennt sie
bedeuten ihm
Samen des Glücks

PETER SCHIESTL

26 | *Mai*

LIEBE IST EIN WAGNIS

Liebe kann niemals professionell sein, niemals routiniert oder perfekt. Liebe bleibt immer ein Wagnis, und oft erscheint sie mir umso eindrucksvoller, je unbeholfener sie ist. Wer liebt, macht sich verletzlich. Liebe gibt sich ganz hinein, ohne sich abzusichern. Liebe kennt kein Netz und kann tief fallen. Liebe kann es sogar akzeptieren, wenn sie abgewiesen wird. Und doch kann Liebe alles, alles verändern.

RAINER HAAK

27 / *Mai*

AUF HERZENSPFADEN

Auf Herzenspfaden
seh ich an
manchen Tagen
mehr als die
äußeren Dinge.
Dann halte ich inne,
suche zu greifen
den tieferen Sinn
hinter Fallen und Reifen.
Die Einmaligkeit
in allem Sein,
in jedem Blatt,
in jedem Keim,
in jedes Menschen
Angesicht ist
Wunder aus Liebe,
Vertrauen und Licht.
Auch ich bin Teil
des Lichts auf Erden,
will täglich reicher
und reifer werden.

CLAUDIA BINZBERGER

28 / *Mai*

GEMEINSAM

Das Schöne nicht mehr
allein ertragen können.
Einer im andern
eine Lampe anzünden.

MAX BOLLIGER

29 / *Mai*

UNTERWEGS ZU DIR

Ich wünsche dir,
dass du dir ein Gespür bewahrst
für die leisen Töne des Lebens
und im Umgang mit den Menschen
zart sein kannst und genau,
offen für ihre Not
und sensibel für das,
was sie bedürfen.

Ich wünsche dir,
dass immer dann ein Mensch
für dich da ist,
wenn du dich selbst nach Hilfe,
Verständnis und Nähe sehnst,
dass du dich aufgehoben
und geborgen weißt
in Freundschaft und Liebe.

CHRISTA SPILLING-NÖKER

30 | *Mai*

LIEBE FLIESST

Liebe fließt,
quillt über das Herz hinaus,
ist einfach da,
die Grundenergie.
Liebe schwingt
in jeder Zelle,
wird immer mehr,
gelangt über die Körpergrenze hinaus
großzügig
in jeden Winkel
dieser Welt.
Spürst du es auch?

INGEBORG KASPERS

31 | *Mai*

FRAGMENT

Ein jeder geht eingehüllt
in den Traum von sich selber.
In manchen Träumen ist Raum
für den Zweiten
wie in einem Doppelbett.
Fast in allen.

HILDE DOMIN

Juni

Das Glück des Wachsens und Reifens

1 / *Juni*

WIR SIND SO REICH

Wie reich und gesegnet sind wir, wenn wir entdecken, was in uns steckt, mit welchen Möglichkeiten, welchen Fähigkeiten wir beschenkt sind. Wir dürfen uns an ihnen freuen und sollen sie einsetzen. Und wir sollen Menschen, die weniger Selbstvertrauen haben, unterstützen, ihre Fähigkeiten zu entdecken, zu ihren Werten zu stehen, denn auch sie sind mit besonderen Fähigkeiten ausgestattet.

MAX FEIGENWINTER

2 / *Juni*

WIR PFLÜGEN UND WIR STREUEN

Wir pflügen, und wir streuen
den Samen auf das Land,
doch Wachstum und Gedeihen
steht in des Himmels Hand:
der tut mit leisem Wehen
sich mild und heimlich auf
und träuft, wenn heim wir gehen,
Wuchs und Gedeihen drauf.

MATTHIAS CLAUDIUS

3 / *Juni*

ABENTEUER

Wachsen ist Wagnis.
Ein schwerer Schritt könnte nahen,
der mich erdrückt.

Blühen ist Bedrohung.
Raupen könnten herankriechen,
die an mir nagen.

Reifen ist Risiko.
Stürme könnten über mich fegen,
die mich zerpflücken.

Früchte bringen ist Abenteuer.
Immer die Frage,
ob es sich lohnt und gelingt.

TINA WILLMS

4 | *Juni*

LAUSCHEN

Der Schöpfung lauschen
ihren Puls spüren
ihrem Rhythmus folgen
ein großer Atem

Wachsen und reifen
von der Sonne leben
dem Licht folgen
mit jeder Zelle

Meinem Inneren lauschen
meine Empfindungen spüren
meinem Rhythmus folgen
einatmend ausatmend einatmend

KATHARINA SEIBERT

5 | *Juni*

WIE EIN BAUM

Ich wünsche dir,
dass du wirst wie ein Baum,
der tief sich gründen
und Wurzeln schlagen kann,
der aus dem Mutterboden
seine Lebenskraft
empfängt.

Ich wünsche dir,
dass du wirst wie ein Baum,
der sich aufrichtet und
dem Himmel öffnet,
der in des Geistes Weite
Orientierung finden kann.

Ich wünsche dir,
dass du wirst wie ein Baum,
der sich dem Jahreszeitenwechsel
seines Lebens nicht entzieht,
der blüht und Frucht bringt
und auch nach Wintereinsamkeit
wieder neue Knospen treibt.

CHRISTA SPILLING-NÖKER

6 | *Juni*

LEBENSGARTEN

Ein Keimling
Vielleicht eine Bohne
Oder Kohlrabi
Oder ein Mensch

Am Anfang
Sieht alles
Gleich aus

Achte
Auf deine Schritte
Zertritt ihn nicht

DORIS BEWERNITZ

7 / *Juni*

SAAT-GUT

vor-bereitet
mit meiner arbeit schweiß
das brache land

unendlich kostbar
das aufgesparte korn
vom munde abgespart
zur neuen saat

loslassen
wonach ich hungere
ganz tief einsäen
in den wartenden grund

in die schöpfungskräfte
der alleswandelnden erde
lege ich all mein vertrauen
dass aus meinem letzten korn
reiche nahrung werde
für morgen

MARIA SASSIN

8 | Juni

LICHT DURCH BLÄTTER

Ein Sonnentag lichtdurchflutet
Frühsommer ist, der Holunder
träumt vom Schwarz seines Saftes
noch trinken die Blätter Helle

Ein Sonnentag porenwarm
streckt sich das wachsende Dach
Bäume sich selbst überlassen
betreiben die pure Verschwendung

Ein Sonnentag grüngeschwängert
atmet die Erde den Himmel
preist seine üppigen Gaben
schenkt sich zurück

DORIS BEWERNITZ

9 / *Juni*

STOPPSCHILD

Mitten im Unterwegs-Sein: ein Stoppschild. Ich werde angehalten – und ich bleibe stehen. Herausgerissen aus der Bewegung höre ich die Einladung zum Sein. Still zu stehen ist kein Stillstand, ganz im Gegenteil. Zur Ruhe kommen: mich nicht nach außen wenden, sondern nach innen. Keine neuen Eindrücke sammeln, sondern lauschen und schauen und spüren, was in mir ist. Still werden – still sein. Solange ich renne, jage, haste, gehen die Kräfte nach außen. Im Stillstehen können sie nach innen gehen. Nur so werden Träume und Sehnsüchte geboren. Und nur in der Stille werde ich hören können. Manchen verordnet eine Krankheit zwangsweise eine solche Zeit der Ruhe. Oft weiß der Körper, was er oder was die Seele braucht – und er holt es sich. Aber man könnte es sich ja eigentlich auch schon vorher gönnen. Und seien es wenigstens zehn Minuten am Tag.

ANDREA SCHWARZ

10 | *Juni*

AUF DEM BODEN HIMMELWÄRTS

Hoffnung ist für mich eine lebensbejahende Grundhaltung, die wir immer wieder neu suchen, finden, pflegen, feiern und vertiefen können. Hoffende Menschen entdecken, was wirklich wesentlich ist im Leben, was trägt und Vertrauen stiftet. Hoffende Menschen stehen mit beiden Füßen auf dem Boden. Sie schauen himmelwärts, weil sie erkennen, dass unsere Wirklichkeit viel größer ist als das, was wir begreifen.

PIERRE STUTZ

11 | *Juni*

VIELFÄLTIG SEIN

Zu meiner ganzen Lebenskraft stehen
mich nicht länger entschuldigen für meine Vielfalt
trotz Beschneidungen
meine Wachstumsprozesse sehen

Meinem Innersten und Verborgensten
Ausdrucksmöglichkeiten gewähren
sie in Verzweigungen
sichtbar werden lassen

Lob meiner Widersprüchlichkeit
Annahme meiner Unausgeglichenheit
Chance meiner Ausschweifungen
kraftvoll im Leben stehen

PIERRE STUTZ

12 / *Juni*

ICH BIN GANZ BENOMMEN

Ich bin ganz benommen
von dieser Luft,
vom Blau des Himmels,
vom Erdbeerduft.

Vom Wind in den Wiesen,
vom Vogel, der singt,
vom Rauschen der Blätter
und wie alles swingt.

Vom frischen Morgen,
der still erwacht,
vom Mittag, der hell
den Tag überdacht.

Vom Abend, der kühl
und freundlich ruht.
Ich bin noch benommen,
und das tut mir gut.

THOMAS KNODEL

13 | *Juni*

JUNIMORGEN

Das Fenster öffnen
einatmen
salzig schwingt
Amselgesang
über die Zunge
ins Herz

Zartbesaiteter Tag
dir verwandt du
lächelst ihm zu

Wiedergekehrt
heute für dich so
blau als
könntest du dich
noch einmal entwerfen.

TINA WILLMS

14 | *Juni*

ERDBEERGLÜCK

In meinem Korb
liegt die verlockende
duftende Süße
eines warmen
Sommertages.

MARION SCHMICKLER-WEBER

15 / *Juni*

IM GARTEN

Wenn wir im Garten spazieren gehen,
Da gibt's zu hören gar viel und zu sehn,
Da hören wir die Hummeln brummen
Und hören die lieben Bienen summen,
Und sehen, wie sie eilig wandern
Von einer Blume zu der andern,
Und wie sie sich holen den schönsten Raub,
Den Blütenwein und Blumenstaub.
Gott mög' euch fleißigen Bienen verleihn
Stets milde Luft und Sonnenschein
Und Blümelein von den schönsten Arten
Auf allen euren Wanderfahrten!

AUGUST HEINRICH HOFFMANN VON FALLERSLEBEN

16 | *Juni*

VERGLEICHSWEISE

Mein Garten
ist nicht klinisch rein
nicht aufgeräumt, gestutzt
nicht gezähmt
nicht so, wie es den Nachbarn
vielleicht gefallen würde

Mein Garten
ist kunterbunt
voller Krabbeln und Summen
voll von ungezähmtem, wildem Leben
unaufgeräumt allenthalben
und in jeder Ecke warten
bunte Überraschungen

Meine Seele
blüht
in ihm auf

CAROLA VAHLDIEK

17 / *Juni*

UNTERM APFELBAUM

Unterm Apfelbaum
baumelt meine Seele
am liebsten,
streckt sich aus
im Gras,
träumt sich
dies und das,
zwischen den Zweigen leis
summt ihr der Wind:
„ich weiß …
machst du die Augen zu,
wird alles grüner bald,
auch du.“

ISABELLA SCHNEIDER

18 | Juni

SOMMERSONNENSONNTAG

Stille
schleicht mir vom Himmel
über die Herzhaut
in die Seele
taunasses Gras
kitzelt meine Erdenfüße
verliebt trägt
der Wind das Duftkleid
des Jasmins

Wer bist du Mensch
fragen die Rosen
und ich könnte
schwören

für ein paar Minuten
wusste ich die Antwort

CORNELIA ELKE SCHRAY

19 | *Juni*

LEBENSLUST

mich auf die fensterbank setzen
und blühen
den anderen
meine farben hinhalten
und duften

meine stiele in die luft strecken
meine wurzeln
fest in der erde verankern
und blühen
einfach blühen
aus lauter lust
am leben.

SABINE HEUSER

20 | *Juni*

HOFFNUNG

So oft die Sonne aufersteht,
Erneuert sich mein Hoffen
Und bleibet, bis sie untergeht,
Wie eine Blume offen;
Dann schlummert es ermattet
Im dunklen Schatten ein,
Doch eilig wacht es wieder auf
Mit ihrem ersten Schein.

GOTTFRIED KELLER

21 / *Juni*

DIE NACHT DER LICHTER

In manchen warmen Juninächten
leuchten kleine Wunderkäfer
tanzen unter Sternen
Und die großen Himmelslichter
grüßen kleine Erdenlichter
küssen sie so leise
dass es niemand hören kann
Vielleicht spürst du einen Hauch
der sich anfühlt wie ein Kuss
ob er von den Sternen kommt
oder aus dem Tanz der Lichter –
frage nicht und nimm ihn lieber
So ein zauberhafter Kuss
kommt gewiss so schnell nicht wieder

SABINE ULRICH

22 / *Juni*

FRÜHSOMMER

Lasst uns mit den Staren
die Kirschbäume plündern,
bis wir beinahe platzen
wie die prallen roten Herzen
voll saftstrotzender Fülle!

Überall Beeren und Früchte
zu süßem Genuss, Überfluss,
Schlaraffenland. Kommt,
wir träumen im Wiesenheuduft,
wie bald wird es Herbst!

ELKE SCHUMACHER

23 / *Juni*

SOMMERMUSIK

Rauschen von sanftem Regen
auf schlaffgrünen Sommerblättern

munteres Tropfentrommeln
auf braunrissiger Trocken-Erde

erquickende Symphonie
von Fruchtbarkeit und Leben.

MARIA SASSIN

24 | *Juni*

UM JOHANNI …

Schon hat der Holunder
alle seine Blütenschirmchen aufgespannt.
Die Junisonne wendet frisch gemähtes Gras
zu Heu und die Perlen des Johannisbeerstrauchs
von grün nach glänzend rot.
Hoch oben im Blau zieht ein Bussard seine Kreise.
Abendwind streichelt die Getreidefelder und duftet
nach lauter Sternschnuppen und Heckenrosen.

ANGELIKA WOLFF

25 | *Juni*

SOMMER

wo Gräser
Blüten tragen
in Farben ihrer Wahl –
wo zarter Stolz
den Falter hebt
zur Sonne –
wo du und ich
getaucht in Licht
zur Blütenwiese werden

REGINA GIESE

26 / *Juni*

GARTENGLÜCK

Der Moosrasen
wärmend und weich

Neben mir Phlox
Blütenberge

Die Bienen
summen

Schmetterlinge
stellen sich ein

Ich träume
trinke betörenden Duft

CHRISTEL ANDERS

27 / *Juni*

SOMMERERINNERUNG

Sommer, flimmerndes Mohnblumenrot,
Heugeruch und der Duft von Brot
dort aus dem Bauernhaus hinterm See …
Sommer, Kindheit, Erinnerungsweh.

Sommer, heißer Sand unterm Rad,
Lachen und Schreien, kühlendes Bad,
Erdbeerhände, Kirschen im Ohr,
duftender Garten, den ich verlor.

Sommer, Freiheit, Kornblumenblau,
über dem Rapsfeld Gewittergrau …
Blitze und Donner, die Katze im Schoß.
Welch eine Fülle. In ihr wurd ich groß.

DORIS BEWERNITZ

28 | *Juni*

SOMMERTRÄUME

Kornblumen im Weizen,
Mohn im Wind,
Johanniskraut glänzt
bei den Wildrosenhecken,
der Himmel wölbt sich
über Wiesen und Acker.
Es summen die Bienen
um die Gräser, den Klee.

Sind die Himbeeren rot,
tanzen die Mücken,
blühen blau die Lupinen
von der Straße nicht weit.
Nun fahren die Menschen
zum Ziel ihrer Sehnsucht,
nehmen sich für das Schöne
Zeit.

CAROLA MERKEL

29 | *Juni*

WILDE SOMMERASTERN

Den Gärten entflohen
zwischen Gräsern und Klee
leuchten Blütensterne
sich selbst zur Lust
und lächeln für den,
der vorübergeht.

WILMA KLEVINGHAUS

30 | *Juni*

GELIEBTES LAND

Wogende Ähren
im sanften Wind
blauer Himmel
der alles umspannt
weiße Wolken
über grünen Alleen
und Sehnsucht
so alt wie die Welt

HEIDI KRING

Juli

So schön ist die Welt

1 / *Juli*

STAUNEN

Die Menschen machen weite Reisen,
um zu staunen
über die Höhe der Berge,
über die riesigen Wellen des Meeres,
über die Länge der Flüsse,
über die Weite des Ozeans
und über die Kreisbewegung der Sterne.
An sich selbst aber gehen sie vorbei,
ohne zu staunen

AUGUSTINUS

2 / *Juli*

FERNWEH MIT DIR

Erinnerungen aus der Ferne
das Licht fremder Städte
die Gastfreundschaft der Menschen
das Lachen mit dir

Erinnerungen aus der Ferne
in deiner steten Nähe
Weltfahrten mit dir

Ich hab schon wieder
Fernweh
Kommst du mit?

CAROLA VAHLDIEK

3 / Juli

DU FÜHRST MICH HINAUS INS WEITE …
… DU MACHST MEINE DUNKELHEIT HELL

Du lässt mich
den Sommer kosten
wie eine tropische Frucht.
Versinken in fremden Augen,
eintauchen
in die Melodie einer Sprache,
in das Lied eines Landes.

Du lässt mich
den Sommer fühlen,
Licht auf der Haut,
Flügel der Seele,
Leicht-Sinn dem Geist,
tiefer Atem,
der mein ganzes Herz füllt.

Du lässt mich
den Sommer leben
wie ein beschenktes Kind,
das nichts vom Winter weiß
und einfach glücklich ist
hier und jetzt

unter deiner großen Sonne.

INGE MÜLLER

4 | *Juli*

NUR EINE ROSE ALS STÜTZE

Ich richte mir ein Zimmer ein in der Luft
unter den Akrobaten und Vögeln:
mein Bett auf dem Trapez des Gefühls
wie ein Nest im Wind
auf der äußersten Spitze des Zweigs.

Ich kaufe mir eine Decke aus der zartesten Wolle
der sanftgescheitelten Schafe die
im Mondlicht
wie schimmernde Wolken
über die feste Erde ziehn.

Ich schließe die Augen und hülle mich ein
in das Vlies der verläßlichen Tiere.
Ich will den Sand unter den kleinen Hufen spüren
und das Klicken des Riegels hören,
der die Stalltür am Abend schließt.

Aber ich liege in Vogelfedern, hoch ins Leere gewiegt.
Mir schwindelt. Ich schlafe nicht ein.
Meine Hand
greift nach einem Halt und findet
nur eine Rose als Stütze.

HILDE DOMIN

5 | *Juli*

SOMMER-MANDALA

Die Mitte des Sommers
Gehört natürlich der Sonne
Auch Strand und Meer dürfen nicht fehlen
Mit ein bis zwei weißen Möwenrufen
Bunte Wasserbälle und Kinderbadehosen
Tupfe ich rechts hinein
Links Kleeblätter und Lavendel
Sonnenblumen müssen sein
Und selbstgemachtes Himbeereis
Oben füge ich Schönwetterwolken dazu
Und Schwalben
Unten Sterne im Abendblau
Über alles streue ich
Das Lied der Nachtigall
Jetzt noch einen Hauch
Lauen Sommerabend darüberpusten
Fertig

CAROLA VAHLDIEK

6 / Juli

KREUZWORTRÄTSEL

Ich gebe es zu – gelegentlich mache ich ganz gerne Kreuzworträtsel, im Urlaub zum Beispiel. Manchmal aber greif ich gerade dann zu Stift und Rätsel, wenn ich eigentlich etwas viel Dringenderes zu tun hätte. Da kann das Kreuzworträtsel durchaus die Funktion bekommen, das Wichtige für eine Viertelstunde loszulassen. Und vielleicht brauche ich gerade jetzt ein sichtbares Erfolgserlebnis, wenn sich die Kästchen mit Buchstaben füllen. Aber so einfach ist das auch nicht immer. An manchen Wörtern knoble ich lange herum, anderes weiß ich einfach nicht – besonders Nebenflüsse kann ich nicht besonders gut. Okay … so ist das Leben. Gelegentlich tut es gut, sich mal ein paar Minuten Auszeit zu nehmen. Manchmal schlägt man sich an den Kopf und denkt: Das hätte ich doch wissen müssen! Und ab und an weiß man etwas einfach nicht. Für alle Kreuzworträtsel gibt es eine Lösung – die findet man in der nächsten Ausgabe oder am Ende des Heftes. Und das gilt auch für das Leben …

ANDREA SCHWARZ

7 | *Juli*

MICH DANN UND WANN

Mich dann und wann
abbremsen
an den Wegrand des Alltags

mich schneckengleich
meinen Denkspiralen entwinden

den Füßen Hallo sagen
Boden spüren
weitergehen

langsam und achtsam.

FRANK FISCHER

8 | *Juli*

AUF DEM FLUSS

sich treiben lassen
entlang verwilderter Ufer
vorbei am lauernden Reiher
begleitet von Treibholz

unterwegs sein
lautlos dahingleiten
umhüllt von Stille und Dämmerung
beschirmt vom dunkelnden Himmel

ankommen
am Ende des Tages
im Einfall der Nacht

FRANK FISCHER

9 | *Juli*

FREUDE DES ENTDECKENS

Noch bei jeder meiner Entscheidungen waren die Zweifler zur Stelle und meldeten sich zu Wort: Wird das gut gehen? Hast du dir das gründlich überlegt? Hast du dich abgesichert? Ist das nicht zu gefährlich? Nein, liebe Zweifler, ich habe äußerst selten etwas so gründlich bedacht. Ich wusste in der Regel nicht, ob es gut gehen wird. Ich habe mich nicht abgesichert.
Aber ich habe mich tragen lassen von der jungen Freude des Entdeckens, von meiner Neugier, von der Lust auf Leben und Freiheit. Nur so konnte ich Erfahrungen machen. Und auch mit ein paar Beulen und Schrammen, die ich dabei jeweils abbekam, ist das Ergebnis immer berauschend gewesen. Hätte ich stets alles bis ins Letzte bedacht – ich hätte bis heute noch nicht einmal laufen gelernt.

DORIS BEWERNITZ

10 | *Juli*

URLAUBSREIF

fast alles zu Ende gedacht
geschäftige Pläne zur Neige gelebt
geackert gepflügt
stets mit dem Kopf an der Wand
und das ganz ohne
die Flügel eines Engels
lebensleer müde
doch nun

gib mir
nur eine Handbreit Strand
und einen Krug Meer

so wird meine Seele hell

CORNELIA ELKE SCHRAY

11 | *Juli*

DIE ALLERGRÖSSTE SEHNSUCHT

Das Meer ist
glaube ich grün,
auf den Dünen wiegt
sich blau
dieses schönste Gras
der Welt,
und der Sand ist lila?
Nein?
Das stimmt nicht?

Ich muss sofort hinfahren
und nachsehen
wahrscheinlich war ich
schon zu lange
nicht mehr dort …

CORNELIA ELKE SCHRAY

12 | *Juli*

NEUE GLUT

Lass deine Antwort
Ja sein

Der Weg heißt Mut
und der Wind Vertrauen

An jeder Biegung
wartet ein Engel

Geht voran, wenn du willst
wacht oder singt

Und haucht neue Glut unter
dein Wort

CATRINA E. SCHNEIDER

13 | *Juli*

SAND

Lange genug warst du
Brandung und Fels
werde Sand
reise

CATRINA E. SCHNEIDER

14 | *Juli*

GEFÜHRT

Ein Licht
in der Ferne
lässt deinen Weg
leuchten
das Gehen fällt
leichter
beflügelt
gehst du dahin
bevor du am Ziel bist
bist du bei dir

PETER SCHIESTL

15 | *Juli*

SOMMERSEGEN

Möge der Klatschmohn dir blühen
Mögen die Beeren dir munden
Möge die Sonne dir scheinen
Möge kühles Nass dich erfrischen

Möge der Himmel
über dir sein Zelt aufspannen
wenn du aus festen Mauern
ins Freie aufbrichst.

Mögest du auf allen Wegen
gut behütet und beschützt sein
im Fortgehen
und im Wiederkommen

KATJA SÜSS

16 | *Juli*

WEITER WEHEN

Hörst du der Weite Ruf?

He ho, hiss die Segel deiner Seele
sieh nach vorn zum Horizont
wirf dich in des Himmels Winde
und lass dich immer weiter wehen
hinaus in unbekannte Fernen.

Deine heimatstarken Wurzeln
tragen dich gewiss auch dort.

MARIA SASSIN

17 | *Juli*

KRANICHZUG

Kraniche
aufgereiht in langen Zügen
wie Perlenschnüre
in ihrer rauen Kostbarkeit.

Sich auf den Weg machen
im Dialog mit vielen
gemeinsam aufbrechen
weggehen, wo Leben zu kalt ist.

Das Licht der Heimat
weiter im Herzen tragen
die Seele fliegen lassen
und den Süden finden.

MARIA SASSIN

18 | *Juli*

REISESEGEN

Ich wünsche dir
Dass du willkommen bist
Wohin auch immer du gehst
Dass du offene Türen findest
Offene Herzen
Dass du dich verschenken kannst
Ohne dich zu verlieren
Und man dich gerne annimmt
Dass Nähe geschieht
In aller Ferne

CAROLA VAHLDIEK

19 | *Juli*

URLAUB

Wie Kinder tanzen
meine Gedanken in der Sonne
packe aus dem Koffer
meines Lebens
die buntesten Wünsche aus
möchten singen und spielen
dem Alltag auf das Dach steigen
über den Wolken noch
bunte Luftballons fliegen lassen
das rote Kleid auspacken
und ein neues Land erobern

begeistert bin ich dabei

CORNELIA ELKE SCHRAY

20 | *Juli*

AUGENBLICKE

Der Himmel, die Bläue
unendlich und groß
Vor mir das Wasser
Muscheln im Schoß

Sand an den Füßen
Wind auf der Haut
Der Fischer, der ruhig
gen Horizont schaut

Augenblicke
ruhig und schön
Jetzt weiß ich es wieder
Nichts kann mir geschehn

DORIS BEWERNITZ

21 / *Juli*

DAS MEER

Wenn endlich
der Horizont sich öffnet
und diese wilde
kühle
blaue
weite
Wasserfläche
salzig vor mir rauscht
breitet mein Herz
mit einem Glücksseufzer
seine Flügel

CAROLA VAHLDIEK

22 / *Juli*

JULINÄCHTE

Fremde Stimmen, ferne Klänge,
leises Licht und Sommersänge –
Kristallines Gläserklingen
Julinächte, leises Singen.

Menschen finden sich in Träumen
Blicke fangen sich in Bäumen.

SILVIA DROSTE-LOHMANN

23 | *Juli*

VON DER SEHNSUCHT BEWEGT

das Licht
der Morgensonne
weckt
Sehnsucht
ruft heraus
am Strand
menschenleere
Stille
ich halte inne
atme durch
setze erste
frische Spuren
in den Sand
und
mache mich auf
den Weg
ins Leben

MARIA KAMINSKI

24 | *Juli*

IM GLÜCK

Ausgestreckt
liegen
im Gras
dem Zug der Wolken
folgen
freie Bahn
zwanglos
dahingleiten
ins Land
der Möglichkeiten
hier und jetzt
zu mir kommen
hier sein
und fort
fort sein
und hier
im Glück

PETER SCHIESTL

25 / *Juli*

AM STRAND

Theater
unter freiem Himmel:
Die Sonne
führt Regie
Möwen Wind und Wolken
spielen mit
Jeden Tag
ein neues Stück
Statisten finden sich
im Publikum

In der Hauptrolle:
Das Meer

ANNE STEINWART

26 / *Juli*

URLAUBSERKENNTNIS

Ein kleiner Koffer
Zwei herrliche Wochen

Erstaunlich
Was man alles nicht braucht

DORIS BEWERNITZ

27 | *Juli*

EIN LUFTIGES HAUS

Wir richten uns ein.
Immer wieder
richten wir uns ein.
Es braucht nicht viel dazu,
nicht viel mehr
als Sonnencreme
und ein Buch,
nicht einmal vier Wände,
drei tun es auch.
Strandzelt-Wände –

Auf gute Nachbarschaft!

ELKE LANGSTEIN-JÄGER

28 / *Juli*

MIT EUCH ALLEN

Schweben
mit dem Vogel

mit der Sonne
leuchten

rollen mit der
Erde

mit euch allen
feiern
das unverläßliche
Leben

ROSE AUSLÄNDER

29 / *Juli*

GEWAGT

Einfach
aus der Rolle fallen

Aussteigen
aus dem fahrenden Zug

Einen Stern
ergreifen

Und frei schwimmen
auf gewiesener Bahn

CHRISTEL ANDERS

30 / *Juli*

ZIEHENDE LANDSCHAFT

Man muß weggehen können
und doch sein wie ein Baum:
als bliebe die Wurzel am Boden,
als zöge die Landschaft und wir ständen fest.
Man muß den Atem anhalten,
bis der Wind nachläßt
und die fremde Luft um uns zu kreisen beginnt,
bis das Spiel von Licht und Schatten,
von Grün und Blau,
die alten Muster zeigt
und wir zuhause sind,
wo es auch sei,
und niedersitzen können und uns anlehnen,
als sei es an das Grab
unserer Mutter.

HILDE DOMIN

31 / *Juli*

WUNDER

Ich bin – und weiß nicht wer
ich komm – weiß nicht woher
ich geh – weiß nicht wohin
Mich wundert, dass ich fröhlich bin

MITTELALTERLICHER VERS

August

Das Glück im Sonnenlicht

1 | *August*

GLÜCKSMOMENTE

Sommerhimmel. So blau und so weit.
Wattewolken.
Sich im Wind wiegende Bäume.
Duft von frischem Gras.
Angekommen sein
in der Freiheit eines
Sommertages.

MARION SCHMICKLER-WEBER

2 | *August*

ROSENBLÜTEN

Endlich verströmen
Rosenblüten
ihren betörenden Duft.
Das lange Warten
auf den Anbruch
sommerlicher Tag
hat ein Ende gefunden.
Jetzt wage auch du
den Aufbruch
hin zu dem Ziel,
das sich in deinem
Herzen schon seit
langer Zeit träumt
und finde dein
eigenes Blühen.

CHRISTA SPILLING-NÖKER

3 / *August*

EIN SONNENSTRAHL FÜR MICH

Wenn unverhofft
an einem Nebelmorgen
die Sonne
hinterm Tannenwäldchen
hervorblinzelt
mir ein Sonnenstrahl
direkt
ins Herz fällt

ist das nicht Glück?

GABRIELA PAYDL

4 / *August*

SOMMER-LEICHTIGKEIT

Im Gras sitzen,
die Sonne auf der Haut spüren,
blinzelnd schauen,
wie der Fluss seinen Weg
Richtung Norden nimmt –
ihm die Träume mitgeben,
hinein in das ewige Fließen.

SILVIA DROSTE-LOHMANN

5 / *August*

VOR DEM FENSTER

Ein Vogel singt
draußen vor deinem Fenster.
Ich wünsche dir,
dass du heute fröhlich singst.
Die Sonne scheint
und wärmt dich mit ihren Strahlen.
Ich wünsche dir,
dass du heute strahlen kannst.
Zwei Eichhörnchen springen
ausgelassen im Garten herum.
Ich wünsche dir, dass du heute
fröhlich durchs Leben tanzt.
Die Blumen im Garten
schenken dir Farbe und Freude.
Ich wünsche dir
einen farbenfrohen Tag.

RAINER HAAK

6 | *August*

SOMMERABEND

An einem Sommerabend im Garten
mich forttragen lassen
vom Zirpen der Grillen
Quaken der Frösche am Teich
in Liebe mit jeder Blume
jedem Grashalm verbunden sein
alles Schwere abstreifen
wie eine zu eng gewordene Haut
mich ausdehnen bis zu den Wolken
zu den Sternen
an einem Sommerabend im Garten
nichts mehr tun
nur noch sein

GABRIELA PAYDL

7 | *August*

DIE SONN' STEHT NACH

Die Sonn' steht nach, ein Tag hebt an,
nun auf mit frohen Sinnen!
Die Lerche will ihr helles Lied
vom blauen Himmel gewinnen.

Die Ringelblume vom Schlaf erwacht,
strahlt gleich der lieben Sonne.
Tu's ihnen gleich, tritt schön herfür,
schenk Leben aus und Wonne!

WILLIAM SHAKESPEARE

8 | *August*

SOMMER

In der Sonne sitzen
still sein
ganz still
das Gras wachsen hören
und staunen
nur staunen

ANNE STEINWART

9 / August

MELDUNG

Gestern verglückt
im eigenen Garten.
Betäubt vom Flieder,
von einem Glas Roten,
ertrunken im Strahlenmeer.

Die Sonne versank
und über allem

sang eine Amsel ihr Lied.

FRANK FISCHER

10 / *August*

GEH AUS, MEIN HERZ

Geh aus, mein Herz, und suche Freud
in dieser lieben Sommerzeit
an deines Gottes Gaben;
schau an der schönen Gärten Zier
und siehe, wie sie mir und dir
sich ausgeschmücket haben.

Ich selber kann und mag nicht ruhn,
des großen Gottes großes Tun
erweckt mir alle Sinnen;
ich singe mit, wenn alles singt,
und lasse, was dem Höchsten klingt,
aus meinem Herzen rinnen.

PAUL GERHARDT

11 | August
SOMMERTRAUM

Rosenblüten
vor Gewitterhimmel
geheimnisvoll und zart
ganz erfüllt vom Sonnenlicht
Sommertraum.

MARIA SASSIN

12 | August
DER GARTEN

Der Garten
öffnet seine Rosen

Sie duften sich
Sonnenworte zu

Nur Liebespaare
fangen sie auf
und grüßen zurück
in der Rosensprache

Rosen antworten rot
mit herzlichem Duft

Duftworte
die sich liebkosen

ROSE AUSLÄNDER

13 | *August*

GUTER RAT

An einem Sommermorgen,
da nimm den Wanderstab,
es fallen deine Sorgen
wie Nebel von dir ab.

Des Himmels heitere Bläue
lacht dir ins Herz hinein
und schließt wie Gottes Treue
mit seinem Dach dich ein.

Rings Blüten nur und Triebe
und Halme von Segen schwer,
dir ist, als zöge die Liebe
des Weges nebenher.

So heimisch alles klingt
als wie im Vaterhaus,
und über die Lerchen schwingt
die Seele sich hinaus.

THEODOR FONTANE

14 | *August*

DER SONNE ENTGEGEN

Von Zeit zu Zeit
dem Ruf der Ferne
folgen
den Rucksack packen
und aufbrechen

Für eine Weile in anderer
Tonart klingen

Die Farbe der Dinge
intensiver wahrnehmen

Den Duft der Dünen
am frühen Morgen
die lauen Nächte
den Geruch von
Thymian und Wolle

Der Natur
nahe

Geschenkte Stunden
im pulsierenden
Strom des Lebens

Sommerglück

REGINE PLASS

15 | *August*

ZEITZEUGEN DES LICHTS

Sonnenuhren
an Türme gespickt
Zeitzeugen des Lichts

Verweile!
Schau genau hin!

Nur helle Stunden
werden hier
gezählt

CHRISTEL ANDERS

16 | *August*

SOMMERSINNE

Mit langen Armen holt
die Sonne Blühendes
aus tiefen Gräben.
Der Sommer leert volle Becher
auf dürstende Sinne.
Über die Falten des Sees säuselt
der ersehnte Wind des Vergessens.
Die Zeit zum Träumen ist unendlich,
die Zeit zum Leben fängt
jeden Morgen an.

HERMINE GEISSLER

17 | *August*

SONNENAUFGANG

Symbol
der Hoffnung
erwachenden Lebens –
Chance
des Neubeginns
aus der Tiefe
steigendes Licht –
wärmend
umhüllend
gegeben

REGINA GIESE

18 | *August*

LIED DER SONNE

Ich bin die Mutter Sonne und trage
die Erde bei Nacht und bei Tage.
Ich halte sie fest und strahle sie an,
dass alles auf ihr wachsen kann.
Stein und Blume, Mensch und Tier,
alles empfängt sein Licht von mir.
Tu auf dein Herz wie ein Becherlein,
denn ich will leuchten auch dort hinein!
Tu auf dein Herzlein, liebes Kind,
dass wir ein Licht zusammen sind.

CHRISTIAN MORGENSTERN

19 / *August*

GOLDEN STRAHLEN

Immer das Gesicht zur Sonne
starker Rücken dem Wind entgegen
goldne Strahlen einatmen
und selber golden strahlen.

MARIA SASSIN

20 / *August*

DIE GÜLDNE SONNE

Die güldne Sonne voll Freud und Wonne
bringt unsern Grenzen mit ihrem Glänzen
ein herzerquickendes, liebliches Licht.

Mein Haupt und Glieder, die lagen darnieder;
aber nun steh ich, bin munter und fröhlich,
schaue den Himmel mit meinem Gesicht.

PAUL GERHARDT

21 / *August*

LAVENDELFRAGE

wenn in dieser Blüte
nicht das Blau des Himmels
und das Rot der Rosen
geheiratet haben

was war es dann?

CORNELIA ELKE SCHRAY

22 / *August*

ENT-SCHWERT

Ganz still wird mein Herz
als der flüchtige Schmetterling
Ewigkeitsmomente auf meiner
Wange lebt
und mit zärtlichem Flügelschlag
sommerküssend Erdenschwere
aufhebt.

MARIA SASSIN

23 / *August*

IM SOMMER

Im Sommer weht Güte
den Himmel entlang:
In Wolken
seh ich sie ziehen
vom Meer
übers Land.

Und abends geht lau
ein Schauer nieder,
der die Erde belebt
wie ein Segen.
Und Kinder tanzen
vergnügt und wild
mitten im Regen.

TINA WILLMS

24 | *August*

LASS DICH WIEGEN

Leg dich in die Sommerwiese,
mitten in den Duft von Gras,
lass dich wiegen mit den Blüten
Sommerwind im Lockenhaar.

Strecke deine nackten Füße
aus im satten Grün,
schaue zu, wie weiße Wolken
über dir ins Blaue ziehn.

Lass die Alltagssorgen liegen
wie die Rechnung auf dem Tisch,
lass die Träume fliegen,
mach dich leicht und fliege mit.

CLAUDIA BINZBERGER

25 / *August*

GEGENWART

Alles kündet dich an!
Erscheinet die herrliche Sonne,
folgst du, so hoff ich es, bald.

Ladend und lieblich bist du,
und Blumen, Mond und Gestirne
huldigen, Sonne, nur dir.

Sonne, so sei du auch mir
die Schöpferin herrlicher Tage!
Leben und Ewigkeit ists.

JOHANN WOLFGANG VON GOETHE

26 / *August*

VOLLMOND

Heute Abend sitze ich noch ein wenig im Garten. Langsam dämmert es, das Gezwitscher der Vögel verstummt nach und nach, Ruhe kehrt ein. Und plötzlich sehe ich den Mond. Voll und rund, erst tief am Horizont, dann aber steigt er langsam und beharrlich auf – mit zunehmender Dunkelheit wird sein Licht immer stärker …
Und dann werde ich nachdenklich: Wann habe ich das letzte Mal bewusst einen Vollmond gesehen? Er war ganz sicher da, vor vier Wochen, vor acht und vor zwölf … Aber ich habe ihn nicht wahrgenommen. Mag sein, ich habe nicht zum Himmel geschaut, mag sein, dass Wolken ihn verdeckt haben. Aber er war da. Er ist da, auch wenn ich nicht nach ihm Ausschau halte.
Und das ist mit Gott genauso. Er ist da. Manchmal sehe ich ihn nicht, weil ich nicht zum Himmel hochschaue. Dann wieder mögen vielleicht irgendwelche Wolken ihn meinem Blick entziehen. Aber er ist da.

ANDREA SCHWARZ

27 / *August*

SAMTIG

Pinkorange
räkelt sich
der junge Morgen
im Himmelbett.

Erfüllt Sehnsucht.
Die Sonne geht auf.

Der Himmel ist
heute so weich.

JASNA RAUSCHERT

28 | *August*

WIE DIE TRÄUMENDEN

wie die träumenden
stehen wir am ufer
und leben
die freiheit der wellen

ihr glanz
ihr leuchten
das bleibende licht
in unseren augen

HELENA AESCHBACHER-SINECKÁ

29 | *August*

VORRAT

Lange Tage
laue Nächte
der Garten duftet
sommerlich
die späte Süße des Jahres
zieht ein und sucht
eine Vorratskammer
auf dem Grund deiner Seele

KATHARINA SEIBERT

30 | *August*

SOMMERSATT

bis zur Neige
diesen Sommer austrinken
nochmal Kartoffeln braten
über dem offenen Feuer
mit Freunden
das Goldgelb der Birnen
einatmen
die letzte rote Rose
fest ins Herz schließen
einen Kranz binden
aus den Samenständen
des Glücks
dem Leben einen Freudentanz
aufs Parkett legen

mit all den Farben
meine Seele füttern
bis sie satt ist

CORNELIA ELKE SCHRAY

31 / *August*

MOHNBLUME

Und dann
bist du plötzlich da,
wenn der Sommer
schon fast die Koffer packt
und tupfst
dein zartes
zitterndes
Trotzdem
flammend
an alle Straßenränder

ISABELLA SCHNEIDER

September

Geteiltes Glück – doppeltes Glück

1 | *September*

SOMMERABSCHIED

Die ersten Blätter fallen in den See
Noch ist es Sommer
noch
Sie fallen leis wie früher Schnee

Die ersten Vögel sammeln sich zum Flug
Noch blühn die Malven
doch
Sie blühen anders unterm Vogelzug

Die Menschen sind noch müd und sonnenwarm
Und doch nimmt mancher
einen den er liebt
am Abend jetzt noch fester in den Arm

DORIS BEWERNITZ

2 / *September*

SPINNWEBFÄDEN …

Spinnwebfäden vor der Haustür
Verkünden das Urlaubsende des Sommers
Bunt gefüllte Marmeladengläser
Leuchten in der Reife der Farben
Zeigen die Vielfalt der Früchte
Und eingefangene Sonnenstrahlen

Ganz leise webend
In nebliger Morgenstille
Mit den ersten kühlen Winden
Die mich an meine warme Jacke erinnern
Stehst du schon vor dem Gartentor
Und bittest um Einlass …

Doch ich rufe freundlich:
Herbst, bitte warte noch!
Der Sommer ist noch nicht abgereist …

DORIS WOHLFARTH

3 | *September*

SOMMER-SPUREN

ich spüre noch
die umarmung der sonnenstrahlen
die kosenden hände der wärme
sehe noch
die vollen blüten der rosen
rieche den betörenden duft

seele an seele
wärmten wir uns
der sommer und ich

wenn ich die augen schließe
spüre ich ihn noch

CAROLA VAHLDIEK

4 | *September*

BEI MIR

Schwalbenflug
An blauem Himmel
Schäfchenwolken
Sommer

Neben mir
Du
Und
Dein Lächeln
Sonnenwarm

CAROLA VAHLDIEK

5 / *September*

VERTRAUEN

Vielleicht kommen wir allein nicht weiter. Wie schön ist es dann, einen Menschen zu haben, bei dem wir schwach, ehrlich und echt sein können; einen Menschen, der zu uns steht, uns geduldig zuhört, uns versteht, uns stützt und begleitet, bis wir wieder stark sind und an unsere Möglichkeiten glauben. Wenn wir selbst erlebt haben, wie schön es ist, für einen anderen Menschen da zu sein, ihm in der Not beizustehen, werden wir uns eher jemandem anvertrauen können. Ich erlebe immer wieder, wie stark es mich macht, wenn ich mich ganz annehme, mich bedingungslos angenommen fühle; wenn ich wage zu sein, wie ich bin.

MAX FEIGENWINTER

6 | *September*

QUELLE

Du schöpfst deine Kraft
aus verschiedenen Quellen.
Deine Familie,
alte und neue Freunde,
eine liebevolle Gemeinschaft,
wunderbare Erinnerungen
und aufregende Zukunftspläne,
Glaube und Hoffnung –
sie geben dir Geborgenheit
und machen dir Mut,
deinen eigenen Weg zu gehen.

RAINER HAAK

7 | *September*

OB DU ES WEISST

Ob du es weißt,
dass du
mein Engel warst?

Dein offenes Ohr,
als ich die Worte
kaum finden konnte.

Dein sehendes Auge,
als mir selbst
manches verborgen war.

Dein sanfter Mund,
der aussprach,
was mir fehlte.

Deine behutsame Hand,
die löste, was in mir
versteinert war.

Du warst
mein Engel
Ob du es weißt?

TINA WILLMS

8 | September

GESTALT ANNEHMEN

Es ist umsonst, dass du den Armen sagst, es sei ein Gott, und dem Waisenkind, es habe einen Vater im Himmel. Mit Worten allein lehrt kein Mensch den anderen, ein Mensch zu werden oder Gott zu erkennen. Aber wenn du dem Armen hilfst, dass er wie ein Mensch leben kann, so zeigst du ihm Gott. Wenn du den Waisen wie ein Vater erziehst, so lehrst du ihn damit den Vater im Himmel erkennen. Dann wird auch das Wort von Gott, von Glaube, Hoffnung und Liebe in seiner Seele Gestalt annehmen. Gott ist nahe, wo Menschen einander Liebe zeigen.

JOHANN HEINRICH PESTALOZZI

9 | September

FREUDE

Nicht an der Menge unserer Arbeit hat Gott Freude, sondern an der Liebe, mit der wir arbeiten.

FRANZ VON SALES

10 | *September*

FRIEDEN MACHEN

Wir bringen mit
Was wir bekommen haben
Wir geben weiter
Was wir entbehren können
Jeder so viel er vermag

Und überall auf den Wegen
Die Äpfel
Körbeweise
Genug für jeden

DORIS BEWERNITZ

11 | *September*

NOTWENDIG

gemeinschaft
macht uns zu menschen

verbindlichkeit
gibt uns halt

solidarität
mindert unsere angst

wer
könnte darauf verzichten

BEATE SCHLUMBERGER

12 | *September*

MITMENSCH

Nicht selbst die Hand halten
kann ich mir
im Tal der Tränen
ein Herz von mir
in den Staub gezeichnet
es wäre nicht von dir
und wärmte weniger
verloren der Klang
meiner müden Stimme
ohne dein Lied

sei mit mir
Mensch

CORNELIA ELKE SCHRAY

13 | *September*

STABILE BRÜCKE

Die Brücke zwischen dir und mir
sie trägt so leicht
die bunten Schmetterlinge unserer Träume und Ideen
gibt Raum den grauen Motten des Alltags
wankt nicht unter der Last geteilter Verantwortung
den schweren Stiefeln gnadenlos marschierender Sorgen.

Gewoben aus spinnwebzarten Fäden der Zuneigung
verzwirnt mit glaubender Hoffnung
gewachsen in den Stürmen der Zeit
führt sie uns über Berge und tiefe Schluchten
hält und hält aus, wie wir es miteinander tun
Seelenbrücke, fest, belastbar und sicher –

auch tanzten Elefanten darauf Chachacha.

MARIA SASSIN

14 | *September*

ZU GUTER LETZT

Am Ende des Tages
sehen
ich habe es getan
habe Lächeln verteilt
Mut zugesprochen
und zugehört
habe gelobt
Freude geteilt
und gestreichelt
habe Hoffnung beschworen
Tränen getrocknet
und Lachen geweckt

Am Ende des Tages
sehen
es hat nicht nur mich
glücklich gemacht

PETER SCHIESTL

15 | *September*

NÄHE VERSUCHEN

Nähe
will ich versuchen
Ein offenes Herz
will ich versuchen
Freundliche Worte
will ich versuchen
und freundliche Gesten

Vielleicht
wächst eine Blume daraus

CAROLA VAHLDIEK

16 | *September*

BEGLEITEN

ein Wegstück lang

bis an den Zaun
bis in die Keller
bis in die Abgründe verdunkelter Tage

mitgehen
in die Sprachlosigkeit

sich einfühlen
in den Zerreißschmerz

hilflos werden
mit dem anderen

eigene Geschichte schauen

sie öffnet Türen

FRANK FISCHER

17 | *September*

ANSAGE

Lass uns zusammenhalten
was zusammengehört
wenn alle Stricke reißen
wir wollen uns wehren
mit Händen und Füßen
wir wollen es
auf die Spitze treiben
nicht gelten lassen
die Sprüche
der Ohnmacht

PETER SCHIESTL

18 | September

NUR EIN FLÜGEL

Jeder von uns Menschen ist ein Engel
mit nur einem Flügel,
und wir können nur fliegen,
wenn wir uns umarmen.

LUCIANO DE CRESCENZO

19 | September

MITEINANDER

nachtfinsternis
einfangen
mit sternen füllen
hoffnungslichter
im dunkel
anzünden –
unermüdlich

sonnenstrahlen
aufspüren
hinter wolkenbergen
wissen
um verheißungsgrün
teilen
im weltwinter

MARIA SASSIN

20 | *September*

BERÜHRUNG GEHT UNTER DIE HAUT

Der Schlüssel zu einem menschlicheren Miteinander und Füreinander liegt darin, aufeinander zuzugehen. Den Mut aufzubringen, auch über Grenzen hinweg die Nähe von anderen, die unserer Hilfe bedürfen, zu suchen. Aber auch den Glauben und das Vertrauen aufzubringen, diese Nähe ebenso zuzulassen. Denn nur dann kann wirkliche Begegnung stattfinden und vielleicht zu einem kleinen Wunder werden.

MAX FEIGENWINTER

21 | *September*

MEHR ALS UNSER TÄGLICHES BROT …

Unter freiem Himmel
Feiern wir das Leben
Essen und trinken
Sind beisammen
Lachen und reden
Geben uns mehr als wir erahnen
Gute Gemeinschaft
Teilen unsere Zeit
Erfreuen uns an uns
Das ist
Mehr als unser tägliches Brot …

DORIS WOHLFARTH

22 | *September*

GAST SEIN ...

An jeder Stelle dieser Welt
Wo ich steh
Wo ich geh
Wo ich bin
Kommt mir in den Sinn
Bin ich Gast
Draußen und drin

In jedem Haus
In dem ich weile
Zu Besuch bin
Oder wohne
Hinterlass ich eine Spur
Ganz fein und zart
Unsichtbar nur

Mit jedem Mensch
Mit dem ich rede
Oder esse
Oder trinke
Lebe ich ein Stück
So ist mir jeder Mensch
Ein Teil von meinem Glück

DORIS WOHLFARTH

23 / *September*

MIT ALLEM LICHT

mit allem licht
und allem schatten
mute ich
mich dir zu
wir wissen
es darf sein

dein licht
und deine schatten
geben echo

manchmal prallt
schatten auf schatten
so leicht ist das nicht
aber wir können
jeden morgen wieder
neu
schritte tun
und licht auf licht
scheinen lassen

MARIA SASSIN

24 | *September*
WECHSELSTROM

Auf der Suche
nach einem Lächeln
das mich meint
nach einer Hand
die mich streichelt
nach Lippen
die mir Zuspruch flüstern
nach Nähe und Trost
werde ich fündig
bei dir
dir will ich zulächeln
dich will ich streicheln
dir will ich Mut zusprechen
mit meiner Nähe
will ich dich trösten
für dich und für mich

PETER SCHIESTL

25 / *September*

STILLSTAND DER ZEIT

Komm
Ganz einfach
Wir vergessen
Die Zeit
Du
Und ich
Uhren bleiben stehen
Wir sind
Unser Haus
Der Himmel
Unser Dach
Darüber
Der Regenbogen

DORIS WOHLFARTH

26 | *September*

LEBENSTEPPICH

der teppich des lebens
geknüpft aus
unzähligen knoten
bunt und reich an mustern
fadenkreuzungen
wegkreuzungen
jeder knoten einzigartig und wunderbar
jeder an seinem platz
im austausch mit anderen
durch fäden die verbinden
jeder knoten unersetzlich
und ein jeder der sich auflöst
lässt eine lücke
die nie ein anderer knoten
ganz ausfüllen kann

und doch bleibt er
bunt und ganz lebendig
so wunderbar
verwoben in liebe
der teppich des lebens

MARIA SASSIN

27 | *September*

IN BEZIEHUNG LEBEN

Wir stehen in Verbindung
mit Sonne, Mond und Sternen.
Nur so finden wir
unseren Standpunkt auf dieser Erde,
sind und bleiben wir ganz Mensch.

Nur sehend im Schauen nach oben,
halten wir das Unten aus;
nur wenn wir in Beziehung
mit dem Himmel leben,
stehen unsere Füße fest auf dieser Erde.

Wir kommen zu uns selbst,
wenn wir erfahren,
was wir noch nicht sind,
und über uns hinausgehen
in die Weiten und Tiefen unseres Seins.

Nur wenn wir entdecken,
was wir mit unserer Geburt empfangen,
wird Verlorengegangenes
wieder aufblühen
und uns ans Ziel bringen.

BENEDIKT WERNER TRAUT

28 | *September*

GLÜCKSÜBUNG

Schau
in den Spiegel
und lächle
dir zu
es ist schön
dass es
dich gibt
schenke jedem
dein Lächeln
der dir heute
begegnet
verstreue
selbstlos
den Samen
der Freude
zeig ihm
es ist schön
dass es
ihn gibt

PETER SCHIESTL

29 | *September*

HERBSTSELIGKEIT

Dass du andere gerne an deinem Überfluss teilhaben lässt, dass du mit wachen Augen sowohl für die Farbenpracht als auch für die dunklen Seiten durch diese Tage und Wochen gehst, dass du in dir das lebendige Vertrauen spürst, unter seinem Schutz zu stehen, und deshalb gelassen genug bist, das Horten und Sammeln zu vernachlässigen, dass es dir dann und wann gelingt, das ganze Universum in einem einzigen Wassertropfen staunend zu erahnen, das alles wünsche ich dir und lege es zu den bunten Blättern in deinen Korb voller Seligkeit.

ANGELIKA WOLFF

30 | *September*

KOMM …

Komm
wir tanzen
über den Rasen
über Brücken
über das
goldgelbe Feld

Die Ernte ist eingefahren
Das Fest beginnt

CHRISTEL ANDERS

Oktober

Das Glück der Ernte

1 | *Oktober*

ERNTEDANK

Rauscheregen im Oktoberwind.
Herb duften Blätter und Erde.
Fußstapfen auf unebenen Pfaden.
Eine Bö. Mit leisem Knallen springt
eine Kastanie auf den Weg.

Finger klauben Haselnüsse,
die satte Mäuse schenkten
vom Überfluss dieses Herbstes.
Ich flüstere Dank in den Wind.

MARIA SASSIN

2 | *Oktober*

MITTAGSPAUSE

Ich sitze in meinem Garten
und bin dankbar.

Ein Sonnenstrahl durchdringt Wolken.
Eine Amsel hüpft beerenklaubend.
Die letzte rosa Rose blüht.
Abgeerntet schon der Holunder.

Es will Herbst werden
und mitten am Tage
halte ich inne im Tun
und nehme mir Zeit
zum Staunen.

MARIA SASSIN

3 | *Oktober*

BLECHWEISE

Windgezupft oder handgepflückt
mehlblau, herbstsüß, prallsaftig
ein Ofenblech mindestens
vielleicht noch einen runden.
Da liegen sie
blankgerieben, kernlos,
ordentlich ausgebreitet
auf luftigem Teig und duften
das Wasser im Mund zusammen.
Wovon die Rede ist:
Von Pflaumenkuchen, was sonst
ist so einfach gut
und unnachahmlich köstlich
wie dieses alljährliche Herbstgeschenk!

ANGELIKA WOLFF

4 | *Oktober*

ERNTEDANKEN

erntedanken
für die Fülle
der Farben
und Formen

erntedanken
für die Strahlen
der Sonne
und das Strahlen
der Gesichter

erntedanken
für die Lebendigkeit
des Lebens
und Liebens

dem Himmel singen
mit Herz und Mund

CORNELIA ELKE SCHRAY

5 | *Oktober*

BOSKOPAPFEL

im winter
an langen abenden
feiere ich meine feste

ein messer ein teller
ein großer herbstapfel

seine schale ist vom unwetter
stark und rau
die spätsonne hat sie
englischrot gefärbt

langsam schneide ich
in die tiefe hinein
vom oktober den sommer durch
bis zum mai
bis zur blüte die im kern
verborgen liegt

finde ich dort
kreuz oder stern?

mit jedem bissen
koste ich dann
alle vergangenen tage aus

HELENA AESCHBACHER-SINECKÁ

6 | *Oktober*

VISION

Wir haben so viel
Dass wir satt werden
Auch die Alten
Und die Kinder
Satt an Leib und Seele
So viel
Jeden Tag
Dass wir es glauben
So viel
Dass die Angst schweigt
Dass wir aufhören
Vorräte anzulegen
So viel
Dass wir abgeben können
An alle
Was das Herz begehrt

DORIS BEWERNITZ

7 | *Oktober*

ANFANG OKTOBER

Das sind die schönsten Tage im Jahr.
Jene, an denen das Licht so sanft
über dem Tag liegt,
an denen nichts grell und laut ist –
nur leises Vergehen.
Blinzeln in Spätsommer-Sonne,
dort unten am Fluss
liegt pures Gold, pures Glück.
Auf diese Tage
warte ich das ganze Jahr.
Sie sind ein Geschenk,
leise Melancholie.

SILVIA DROSTE-LOHMANN

8 | Oktober

HERBSTMALEREI

In die Mitte meines Herbstes
male ich einen rotwangigen Apfel
und frischen Pflaumenkuchen
darum Steinpilze und Maronen
Ahornblätter in Gelb und Rot
und das Gold der Buchen
einen Kreis wogender Schilfwedel
über dunkelblauem Wasser schließe ich an
und drüber Kraniche auf dem Zug nach Süden

Langsam senkt sich im Westen die Sonne
tupft Sterne in den Osten
Nebel steigt leise ins Bild
der Milan kreist hinab auf die Welt
ein Uhu fliegt auf

CAROLA VAHLDIEK

9 | *Oktober*

VERKLÄRTER HERBST

Gewaltig endet so das Jahr
Mit goldnem Wein und Frucht der Gärten.
Rund schweigen Wälder wunderbar
Und sind des Einsamen Gefährten.

Da sagt der Landmann: Es ist gut.
Ihr Abendglocken lang und leise
Gebt noch zum Ende frohen Mut.
Ein Vogelzug grüßt auf der Reise.

Es ist der Liebe milde Zeit.
Im Kahn den blauen Fluss hinunter
Wie schön sich Bild an Bildchen reiht –
Das geht in Ruh und Schweigen unter.

GEORG TRAKL

10 | *Oktober*

SPÄTE SONNENSTRAHLEN

Immer kostbarer werden sie
Da immer seltener
Die Sonnenstrahlen
Im Spätherbst
Wenn die Nächte länger
Und die Tage kürzer werden
Ich sammle sie
Wie die letzten Früchte des Gartens
Im Erntekorb meiner Seele

DORIS WOHLFARTH

11 | *Oktober*

ZEIT DES SAMMELNS

Langsam wandere ich
durch des Herbstes Felder.

Lege in den Erntekorb
tief in meiner Seele
eine grüne Bohne
eine saftige Walnuss
eine dicke Kartoffel
eine braune Haselnuss
eine leuchtende Karotte
dunkle Holunderbeeren
leuchtend rote Ebereschen
schwarzsüße Brombeeren
einen gelben Apfel
eine knackige Birne
herb duftende Pilze …

… und ganz nach oben
– damit es nicht zerdrückt wird –
ein leises Lächeln voller Glück
und tiefer Dankbarkeit
für diese reiche Ernte.

MARIA SASSIN

12 | *Oktober*

DIE VORRATSKAMMER IST GEFÜLLT

Die Vorratskammer ist gefüllt
für einen langen Winter:
Wie ein Eichhörnchen
habe ich gesammelt.
Sonne Luft und Augenblicke
voller Stille und Beschaulichkeit
fülle ich in Einmachgläser
die ich öffnen kann
wenn der Sommer vorbei ist
wenn das Licht und
die Farben verblassen.

ANNE STEINWART

13 | *Oktober*

HERBSTABEND

Grillen verkünden die Nacht
wie eine Decke schwebt sie allmählich herab
Verschluckt all das Laute und Helle
das sich so wichtig macht

Wolken schwimmen dem Mond zu
und reißen jäh wieder auf
Sterne stürzen vom Himmel
Träume steigen hinauf

Irgendwo in einem Garten
fällt krachend ein Apfel vom Baum
Ansonsten baut sich die Stille
einen verlässlichen Raum

DORIS BEWERNITZ

14 | *Oktober*

ERNTE

Komm, lass uns ernten
die Träume aus Licht –
sind so bunt, reif und schön.
Sie tragen den Zauber des Regenbogens
und die Erdfarben des Sommers –
fallen über uns wie Blätter aus Gold.
Fühlen sich an, als würden
wir mit der bloßen Hand
zärtlich über ein reifes Kornfeld streifen
oder durch das Haar von Kindern.
Kein Winter kann sie uns nehmen,
unsere Träume aus Licht.

SILVIA DROSTE-LOHMANN

15 | *Oktober*

VORRATSKAMMER

Alle Farben des Lebens
speichert mein offenes Herz
hütet und bewahrt
einzigartige Momente
in der Vorratskammer
seiner Erinnerung.

Behutsam öffne ich
im Lebensherbst die Tür
und trete ein
mitten in die Vielfalt
gelebten Lebens
und Glück wärmt meinen Tag.

MARIA SASSIN

16 | *Oktober*

HERBSTBILD

Dies ist ein Herbsttag, wie ich keinen sah!
Die Luft ist still, als atmete man kaum,
Und dennoch fallen raschelnd, fern und nah,
Die schönsten Früchte ab von jedem Baum.

O stört sie nicht, die Feier der Natur!
Dies ist die Lese, die sie selber hält,
Denn heute löst sich von den Zweigen nur,
Was vor dem milden Strahl der Sonne fällt.

FRIEDRICH HEBBEL

17 | *Oktober*

ERNTEZEIT

die Blätter
tragen die geballten Farben
noch absichtslos zur Schau

vom Menschen
aufgestellte Garben
stehn unterm Himmel
duften gedroschen noch
nach erde
und darben

und blau
schmeckt unser Himmel
das Blatt
es schmeckt
nach Laub und Leid
und nach geballter Ewigkeit.

SABINE HEUSER

18 | Oktober

HERBSTGARTEN

Der Herbst ist da! Es ist soweit!

Im gelben Sonnenblumenkleid
Haselnussbehangen
mit morgenfeuchten Wangen
öffne ich ihm meine Tür

und er schenkt mir dafür
Blumenduft und Wiesentau
Asternpink und Himmelblau

Spinnweben im grünen Haar
Dahlienrot vergeht das Jahr

HEIDI KRING

19 | *Oktober*

HERBSTGLÜCK

Den ersten Apfel
vom Baum pflücken
die Spinnwebschleier
wie eine Königin tragen
im vergoldeten Licht
ein Lied singen

Wie viel Herbstglück
passt eigentlich
zwischen zwei Ohren?

CORNELIA ELKE SCHRAY

20 | *Oktober*

SONNENDURCHLICHTETER HERBSTWALD

Ein sonnendurchlichteter Herbstwald
ist meine Seele.
Bäume atmen das Licht
bis tief in die Wurzeln.
Im leisen Wind
klingt mein Lied für dich.

SILVIA DROSTE-LOHMANN

21 | *Oktober*

JAHRESRINGE

Im achtsamen Berühren und Umarmen der Bäume erfahre ich, wie erfülltes Leben sich in »wachsenden Ringen« (Rainer Maria Rilke) ereignet. Kraftvolles Wachstum und verwundetes Reifen sind ganz nahe beieinander, wie dies in den Jahresringen der Bäume sichtbar wird. Bäume werden mir zum Sinn-Bild von Aufrichtigkeit. Sie stehen zu ihrem Dasein, fordern einen gesunden Abstand zum nächsten Baum ein, um sich entfalten können. Sie lassen sich alltäglich von innen her aufrichten, damit sie auch an den Stürmen des Lebens reifen können.

PIERRE STUTZ

22 | *Oktober*

HERBSTZEIT

warten können
der zeit eine chance geben
geschehen lassen
bis das korn reif wird
und ein neuer aufbruch
beginnt

GABRIELE HAGER

23 / *Oktober*

INNEHALTEN IN GOLDENEN SCHUHEN

O diese Tage im Herbst
sind so still –
sind Innehalten
in goldenen Schuhen.

Staunend stehen wir
in diesem Leuchten
mit einem leisen Lächeln
das mit den Blättern
tief ins Herz fällt.

SILVIA DROSTE-LOHMANN

24 | *Oktober*

HERBSTREISE

die letzten
sonnenstrahlen
sammeln

die letzten blätter
in den pappeln
zählen

und selber
ein blatt
sein

HELENA AESCHBACHER-SINECKÁ

25 / *Oktober*

DER HERBST

Der Herbst ist ein Gaukler
Mit bunter Musik
Mit grellen Farben
Und Schalk im Blick

Er zaubert uns mittags
Die Sonne hervor
Oder flüstert uns
Stürmische Worte ins Ohr

Er lässt Blätter tanzen
Und Schirme fliegen
Und bläst, dass wir
Rote Nasen kriegen

Er beschenkt uns so lange
Mit Äpfeln und Trauben
Bis wir an seinen
Zauber glauben

Und sind wir geblendet
Von seiner Glut
Dann zaubert er Winter
Aus seinem Hut!

HERMINE GEISSLER

26 / *Oktober*

ES KNOSPT

Es knospt
unter den Blättern
das nennen sie Herbst.

HILDE DOMIN

27 | *Oktober*

HERBSTSEGEN

Möge wärmendes Herbstlicht
dich einhüllen
wenn die Tage kälter werden

Möge das Leuchten der fallenden Blätter
sich auf deinem Gesicht widerspiegeln
und den Abschied leichter machen

Mögen die Kammern deines Herzens
reich gefüllt sein
mit der Ernte deines Lebens

KATJA SÜSS

28 | *Oktober*

HERBST DES LEBENS

Ich glaube an das Alter, lieber Freund, Arbeiten und Älterwerden, das ist es, was das Leben von uns erwartet. Und dann eines Tages alt sein und noch lange nicht alles verstehen, nein, aber anfangen, aber lieben, aber ahnen, aber zusammenhängen mit Fernem und Unsagbarem, bis in die Sterne hinein.

RAINER MARIA RILKE

29 | *Oktober*

EINES TAGES

Eines Tages
wird der Abgrund
hinter dir liegen.
Die Hoffnung
soll uns erzählen
von der Heimkehr
der Freude
in dein Haus,
von wärmeren Tagen,
die Mut wachsen lassen.
Lass uns träumen davon,
wie es sein wird,
wenn die Fessel der Angst
sich löst
und du aufbrichst
in ein Land,
das Leben verspricht.
Eines Tages
wird das Gestern
dich nicht mehr gefangen halten
und Friede wird einziehen
in dein Herz.

ANTJE SABINE NAEGELI

30 | *Oktober*

HERBSTHAUCH

Herz, nun so alt und noch immer nicht klug,
Hoffst du von Tagen zu Tagen,
Was dir der blühende Frühling nicht trug,
Werde der Herbst dir noch tragen!

Lässt doch der spielende Wind nicht vom Strauch,
Immer zu schmeicheln, zu kosen.
Rosen entfaltet am Morgen sein Hauch,
Abends verstreut er die Rosen.

Lässt doch der spielende Wind nicht vom Strauch,
Bis er ihn völlig gelichtet,
Alles, o Herz, ist ein Wind und ein Hauch,
Was wir geliebt und gedichtet.

FRIEDRICH RÜCKERT

31 | *Oktober*

HERBST

Herbst, das ist wachsende Einsamkeit.
Es will sich etwas klären.
Nicht nur der Schmuck,
nicht nur Kraft und Schönheit
wehen davon,
es kommt vielmehr eine Gestalt heraus.
Sinn deutet sich an.

Denn die Ernte eines Lebens
liegt nicht nur in den goldenen Früchten,
die in den Gärten reifen,
sie liegt auch in der Einsicht
in das Gesetz, nach dem unser Leben
sich vollzieht, das Gesetz,
das Gott gestiftet hat und das vor Gott gilt.

Werk und Tat, Plan und Erfolg
verlieren ihre aufgeblasene Wichtigkeit.
Die Kraft wendet sich nach innen,
und es geht ums Durchhalten
mit anderen, für andere.
Ums Helfen, Stützen und Dabeisein.

JÖRG ZINK

November

Das Glück der Stille

1 | *November*

PAUSEN

Pausen der Stille in meinem Leben, ich brauche sie.
Sie helfen mir, Kräfte zu sammeln,
mich auf das Wesentliche zu besinnen,
zu mir selbst zu finden und zu Gott zu finden.

ANSELM VON CANTERBURY

2 | *November*

EIN KOSTBARES GESCHENK

Es gibt nichts, was uns die Abwesenheit eines uns lieben Menschen ersetzen kann und man soll das auch gar nicht versuchen; man muss es einfach aushalten und durchhalten; das klingt zunächst sehr hart, aber es ist doch zugleich ein großer Trost; denn indem die Lücke wirklich unausgefüllt bleibt, bleibt man durch sie miteinander verbunden. Es ist verkehrt, wenn man sagt, Gott füllt die Lücke aus; er füllt sie gar nicht aus, sondern er hält sie vielmehr gerade unausgefüllt und hilft uns dadurch, unsere echte Gemeinschaft – wenn auch unter Schmerzen – zu bewahren. Ferner: Je schöner und voller die Erinnerungen, desto schwerer die Trennung.

DIETRICH BONHOEFFER

3 / *November*

EINEN NEUEN ANFANG WAGEN

Es ist gut,
einen neuen Anfang zu wagen.
Zuversicht
möge dich begleiten
wie eine Freundin,
deren Gegenwart dich stärkt.
Der Geist des Vertrauens
möge überwachsen,
was zerrissen ist in dir,
dass dein Blick sich weite
und du das Kostbare erkennst
neben dem Nichtigen,
das Tröstende
an der Seite des Erschreckenden,
das Heilende
neben dem Versehrenden,
den Raum der Freiheit
inmitten allen Gefangenseins.
Mögest du dieses Leben
in all seinen Widersprüchen
an dein Herz nehmen können
und getrost deinen Weg gehen.

ANTJE SABINE NAEGELI

4 / *November*

NUR NOCH

nur noch wind
und wolke sein

ohne erde
dem himmel nah

nur noch atem
ohne worte

nur noch stille
und das licht

HELENA AESCHBACHER-SINECKÁ

5 / *November*

RUHIG WERDEN

Träume dich in den
anbrechenden Abend hinein.
Genieße die Ruhe,
die dir die blaue Stunde
im dämmernden Übergang
vom Tag zur Nacht
in deine Seele senkt,
damit deine heilenden Kräfte
Gelegenheit finden,
in aller Stille wieder
zu erstarken.

CHRISTA SPILLING-NÖKER

6 | *November*

LEISES LICHT

Der Herbst legt so leises Licht in die Abende,
das fängt sich in den Bäumen am Fluss.
Fast wie ein Kuss – ganz in rosa –
liegt die Sonne auf unserem Gesicht.

Wir schließen die Augen, lehnen uns zurück,
weil uns nichts geschieht.
Nichts als ein Abschied –
nur das Licht geht ins Dunkel.
Wir schließen die Augen, werden vollkommen ruhig,
denn wir wissen um das Licht.
Es liegt in unseren Herzen.

SILVIA DROSTE-LOHMANN

7 | *November*

HÖREN LERNEN

Die Seele hört langsam
am lautesten
hört sie
in der Stille

PETER SCHIESTL

8 | *November*

BRACHZEIT

Ausruhen
entspannen
nichts müssen
nichts wollen
einfach
da sein
wie der Baum
der seine
blattlosen
Äste
in den Himmel
streckt
wunschlos
wartend
auf
morgen.

CLAUDIA BINZBERGER

9 / *November*

NOVEMBERSTILLE

Immer tiefer schweigen
noch lautloser
von den Ästen fallen
mehr und mehr
verstummen
den Regentropfen
den letzten Rest
Lärm verbieten
ganz leise
atmen
und

Amen
denken

CORNELIA ELKE SCHRAY

10 / *November*

WOVON KAHLE ÄSTE SPRECHEN

Vom Winter aus betrachtet sind die anderen Jahreszeiten intensiver zu verstehen. Erst aus der Distanz gewinnt der Sommer an Weite und Fülle. Der Herbst erschließt sich aus den größeren Zusammenhängen des Wandels. Und die Sehnsucht nach dem Frühling benötigt den vorherigen Kontrast in der Natur. So wird in der Ruhe und Klarheit des Winters vieles von jener umfassenden Weisheit spürbar, die alles Leben trägt. Sie zeigt sich in einer Vielfalt, in der alle Gegensätze aufeinander verweisen und ein Ganzes bilden.

THOMAS ROMANUS

11 | *November*

NOVEMBER

hinterrücks
bekriecht mich die zeit
bekriecht mich
wie schnecken den salat

mein atem nebelt
der kompost dampft

er zerkocht
gräser zu erde
zu staub

FRANK FISCHER

12 | *November*

IN UNS TRAGEN

die stille
müssen wir
in uns tragen

wie das meer
wie den himmel
wie das licht

HELENA AESCHBACHER-SINECKÁ

13 | *November*

STILLE

im Nebel wandern
den Kopf voll
mit dem Duft
der letzten Rose
Amen buchstabieren
höchstens noch
an Brot denken

mehr nicht

zum Himmel blicken
die Seele leer
und leicht werden
lassen im Licht
einatmen ausatmen
nur noch schweigen
danke denken

so viel

CORNELIA ELKE SCHRAY

14 | *November*

IN DER STILLE

Neige dein Ohr
der Stille zu
und vielleicht spricht sie
in der Sprache der Sterne
aus blauer Nacht
mit der Stimme der Sehnsucht
in den ausverkauften Träumen
wie das Singen eines Engels
in unseren dunklen Melodien
vielleicht erhaschst du
einen Klang
in dem
das Schweigen tönt
und hörst das Wunder
wachsen
in der Mitte deiner Tage

ISABELLA SCHNEIDER

15 | *November*

ENTSCHEIDUNG

Ich entziehe mich dem Zwang
des Erfolgs um jeden Preis
Ich entziehe mich
dem Redefluss
dem ständigen Vergleich
Bin einfach mal still
halt
inne
hör auf
mein Herz
Das muss genügen

GUNDELA LEENEN

16 | *November*

STILLEVOLL

Ganz leer wird das Herz
stillevoll atmet die Seele
nichts sonst ist
nur die Stille
wo ich war
wo ich bin
nur lebendige Stille.

Erfüllt von Freude
bin ich ein Tropfen
im lichten Meer
der Stille.

MARIA SASSIN

17 | *November*

VERWIRRT

Gedanken wirbeln
wie Konfetti
im Kopf
sind nicht
zu fassen
verwirren
so sehr
wie schön wäre
jetzt Stille

PETER SCHIESTL

18 | *November*

SEIN

Hinter unserer lärmenden Welt
verbirgt sich andachtsvolle Stille.

Hinter Werden und Vergehen –
immerwährendes Sein.

JASNA RAUSCHERT

19 | *November*

BEIDE HÄNDE

Der Stille die Tür öffnen
ihr beide Hände hinhalten
bis das Schleichen der Katze
das Blühen der Rose
das Lächeln des Lichts
sich tief hineinsenken
in Ohren und Hände

CAROLA VAHLDIEK

20 | *November*

STILLE AUSKOSTEN

Dem Winter
sein eigenes Recht
geben.
Nicht wachsen müssen,
blühen und reifen,
sondern sein dürfen,
einfach nur sein
und die Stille auskosten,
Stunde um Stunde,
bis der Frühling dich wärmend
zu neuer Wandlung
erweckt.

CHRISTA SPILLING-NÖKER

21 | *November*

DER ABEND

Schweigt der Menschen laute Lust:
Rauscht die Erde wie in Träumen
Wunderbar mit allen Bäumen,
Was dem Herzen kaum bewusst,
Alte Zeiten, linde Trauer,
Und es schweifen leise Schauer
Wetterleuchtend durch die Brust.

JOSEPH VON EICHENDORFF

22 | *November*

IN DER DUNKELHEIT

Mache dich auf
raunt es leise
in der Tiefe deiner Träume
mache dich auf
und halte
die Hoffnung warm
in deinem Herzen
wenn du den Weg
in die Nacht gehst
und fürchte dich nicht:
der Engel
der dein Leben hütet
trägt manchmal auch
den Schleier der Dunkelheit
vor seinem Gesicht.

ISABELLA SCHNEIDER

23 | *November*

NIMM DIR ZEIT, UM WAHRZUNEHMEN

Manchmal,
wenn ich weniger sehe,
muss ich
langsamer gehen,
genauer schauen,
sorgfältiger entscheiden,
länger warten,
überlegter handelt.
Manchmal,
wenn ich weniger sehe,
erfahre ich mehr.

MAX FEIGENWINTER

24 / *November*

TROST

Aus der Dunkelheit
wächst die Sehnsucht
nach Licht

Denn es wurzelt der Tag
in der Mitte der Nacht

Erst am Ende der Trauer
wird Freude sein,
am Ende des Sterbens
das Leben

WILMA KLEVINGHAUS

25 / *November*

FARBENSPIEL

Gott malt das Leben
erarbeitet es
in komplementären Kontrasten

Der Regenbogen
dieses große Versprechen
entfaltet sich
im gebrochenen Licht

TINA WILLMS

26 | *November*

UNTERSCHIED

Nicht ablehnen
nicht leugnen
nicht fürchten
will ich
die Dunkelheit

Aber umarmen
bis sie wieder
Licht wird

CORNELIA ELKE SCHRAY

27 | *November*

HALTE INNE

Inmitten
engagierten Betens
dich berühren lassen
vom Engel der Leichtigkeit
der uns auch in Kindern entgegenkommt

Inmitten
uralter Traditionen
neue Worte finden für das Unsagbare
Leer-räume entdecken
die zum Innehalten einladen

Inmitten
vieler ungelöster Fragen
Hunger und Durst nach Gerechtigkeit wachhalten
in der kraftvollen Gewissheit:
Mit Gott springe ich über Mauern

Halte inne
sei gesegnet
jeden Tag neu

PIERRE STUTZ

28 | *November*

IM NEBEL

Manchmal
gefällt es mir,
im Nebel zu wandern,
manches nur halb zu sehen,
im Geheimnisvollen zu verweilen.

Manchmal
brauche ich es,
im Nebel zu wandern,
nach innen zu schauen,
mich besser kennenzulernen.

MAX FEIGENWINTER

29 | *November*

MEDITIERE DAS LEBEN

Gönne dir eine Atempause für deine Seele
aus Verantwortung für eine menschlichere Welt

Meditiere die Bäume
weil sie dir echtes Wachsen und Reifen aufzeigen

Lege deine Talente auf der Bank des Innehaltens an
als Widerstandskraft für die einmalige Würde jedes Menschen

Traue der Kraft deines Daseins
weil Gottes Name heißt: Ich bin da!

Schweige und höre auf die Stille,
um die Friedenskraft zu verstärken auf der ganzen Welt.

PIERRE STUTZ

30 | *November*

DIE NACHT IST VORGEDRUNGEN

Die Nacht ist vorgedrungen, der Tag ist nicht mehr fern.
So sei nun Lob gesungen dem hellen Morgenstern!
Auch wer zur Nacht geweinet, der stimme froh mit ein.
Der Morgenstern bescheinet auch deine Angst und Pein.

JOCHEN KLEPPER

Dezember

Winterfreuden

1 | *Dezember*

WARTEN IST EINE KUNST

Warten ist eine Kunst, die unsere ungeduldige Zeit vergessen hat. Sie will die reife Frucht brechen, wenn sie kaum den Sprössling setzte; aber die gierigen Augen werden nur allzu oft betrogen, indem die scheinbar so köstliche Frucht von innen noch grün ist, und respektlose Hände werfen undankbar beiseite, was ihnen so Enttäuschung brachte. Wer nicht die herbe Seligkeit des Wartens, das heißt des Entbehrens in Hoffnung, kennt, der wird nie den ganzen Segen der Erfüllung erfahren.
Auf die größten, tiefsten, zartesten Dinge in der Welt müssen wir warten, da geht's nicht im Sturm, sondern nach den göttlichen Gesetzen des Keimens und Wachsens und Werdens.

DIETRICH BONHOEFFER

2 | *Dezember*

ENGEL DER STILLE

komm in meine laute Welt
und zünde an
die Kerze der Stille
und schau mit mir
in das Licht
schweigend
lauschend
mit hörendem Herzen
auf das
was kommen soll

EVA-MARIA LEIBER

3 | *Dezember*

DAS ALTE JAHR GEHT STILL VORBEI

Das alte Jahr geht still vorbei
Nun Lichter ins Fenster gestellt
Dass sich das neue zum alten Jahr
Ganz freundschaftlich gesellt
Dass wir uns erinnern wozu wir sind
Auf dieser wildschönen Welt
Und sie erhellen in dunkler Nacht
Wenn die Zeit den Atem anhält

DORIS BEWERNITZ

4 | *Dezember*

BARBARA-ENGEL

deine Flügel erzählen
eine wunderbare
Winterblütengeschichte
es knospt in deinen Fußspuren
selbst die Sterne schwelgen
in zärtlicher Hoffnung

ich trage
ein paar Zweige ins Haus
und ganz viel Glück

CORNELIA ELKE SCHRAY

5 | *Dezember*

WIEDER NEU

Auf Adventswegen gehen:
Ausgetreten die Pfade unter den Füßen,
tausendfach begangen, und doch ist da heute
ein Zeichen am Rande,
das hat wohl einer genau für mich aufgestellt.

Ins Dunkel lauschen:
Unter den vielen Worten, altbekannt, klingt das eine,
tausendfach gehört, und doch fällt es heute
wie neugeboren in den Tag,
als habe es einer erfunden für mich.

TINA WILLMS

6 / *Dezember*

NIKOLAUSTAG

Es war immer gleich: Abends habe ich einen Stiefel rausgestellt. Dann konnte ich nicht einschlafen – vor Ungeduld, und auch, weil ich mich nicht entscheiden konnte, ob ich „ihn" hören wollte oder nicht. Morgens war ich sofort hellwach. Habe im Nachthemd mit nackten Füßen den Stiefel reingeholt und als erstes eine Knickebeinkugel verspeist. Oder Blätterkrokant. Das warme Bett, Süßigkeiten um mich herum, ein kleines Geschenk: ein Moment absoluten Glücks. Später war meine Mutter etliche Male der Meinung, nun könnten wir doch aufhören damit. Und jedes Mal habe ich das Ritual erstritten, erbettelt, erhalten: die leise Aufregung, dass nachts jemand vor meiner Tür hantiert, und ich merke es nicht. Der Moment nach dem Aufwachen mit der bangen Frage (trotz aller Wahrscheinlichkeit): Wird der Stiefel gefüllt sein? Rausgucken, und der Flur ist nicht leer. Das fehlt mir jetzt immer noch. Am 6. schaue ich jedes Jahr heimlich sehnsüchtig vor die Tür – vielleicht, vielleicht steht ja doch etwas da?

SUSANNE NIEMEYER

7 | *Dezember*

ADVENT

einsam gehen wir die wege
zum leuchtenden himmel

zögernd betreten wir
unbekannte pfade

und suchen
die heimat des lichts

HELENA AESCHBACHER-SINECKÁ

8 | *Dezember*

ENGEL DER GEDULD

Engel der Geduld
hülle ein
mein ungeduldiges Herz
in deine starken Flügel,
dass es gelassen
in der adventlichen Hektik
dem weihnachtlichen Morgen
entgegenschlagen kann.

MARIA SASSIN

9 | *Dezember*

DIE HOFFNUNG FÜTTERN

Im kahlen Gezweig
der Hecke
überwintern die Spatzen
und zwitschern
und schwatzen
als erzählten sie
vom Sommer.

Ich füttere sie
und mit ihnen
die Hoffnung
auf Leben und Licht.

TINA WILLMS

10 / *Dezember*

WINTERWELT

Still, so still ist der Schnee
sanft, so sanft liegt er
auf Ästen, Zweigen, Gras
leise senkt sich Nebel
verwischt harte Linien
zu weichen Konturen
dämpft zu grelle Farben.

Still, so still wird alles
Ruhe durchströmt das Herz
alles ist friedlich und gut
und die Seele ruht in Gott.

MARIA SASSIN

11 | *Dezember*
WINTERMORGEN

Nichts ist so klar und rein
wie die Luft nach einer Schneenacht

Unberührt liegt die Landschaft da
eingehüllt in einen hellen reinen Schleier
so als bringe sie eine
Botschaft aus einer
anderen Welt

Deine Schuld von gestern
ist gnädig zugedeckt
Deine Irrwege verborgen unter Schnee
Ergreife die Chance
des Neubeginns

GERHARD HEILMANN

12 | *Dezember*
WINTERGLÜCK

Sanftes Fallen von Flocken
leises Knirschen von Schritten im Schnee
das Herz kindlich weit
und in ihm Glück
so leuchtend
wie des Schneemanns Nase.

MARIA SASSIN

13 | *Dezember*

LUCIA

Schwarze Schatten werfen Bäume,
Hof und Hütte sieht man nicht.
Tritt ein Gast in unsre Räume:
Lucia, sie trägt das Licht.

Hört, ein Rauschen wie von Schwingen
sanft die stumme Nacht durchbricht
wie ein wunderbares Singen:
Lucia, sie trägt das Licht.

Aus den Tälern flieht das Dunkel,
neuer Tag zeigt sein Gesicht
wie ein helles Sterngefunkel:
Lucia, sie trägt das Licht.

NACH DEM SCHWEDISCHEN LUCIA-LIED
NATT GÅR TUNGA FJÄT

14 | *Dezember*

INNERES WACHSTUM

Wie viele Winter hast du auf dem Rücken? So fragt man in nördlichen Ländern, wenn man wissen will, wie alt jemand ist. Dahinter steckt eine Lebensweisheit: Entscheidend für reifes Menschsein ist nicht das Laute und Äußerliche, sondern das, was einer an Erfahrung nach innen kehren und in seine Persönlichkeit integrieren kann. Entscheidend ist nicht das äußerlich wahrnehmbare Resultat, die messbare Ernte, sondern die Kraft, die aus innerem Wachstum kommt; die Jahresringe, die sich innen anlegen; die Einstellung zum Leben, getragen von Dankbarkeit, Zuversicht und Geduld mit sich selbst.

BRUNO DÖRIG

15 / *Dezember*

ALLES IST GLEICHZEITIG DA

Alles ist gleichzeitig da,
Bin ich auch heute allein,
Weiß ich doch, dass ich geliebt bin,
Und kann mich freun.

Alles ist gleichzeitig da,
Wie alt ich auch bin, ich weiß,
Dass in mir immer wohnen
Ein Kind und ein Greis.

Alles ist gleichzeitig da,
Auch wenn jetzt nur die Christrosen blühn,
Schlafen doch in der Erde
Veilchen und Tausendschön.

DORIS BEWERNITZ

16 | *Dezember*

DER STILLE RAUM SCHENKEN

Koste die Stille
des Winters aus:
Auch die entlaubten
Bäume bergen,
mit Raureif überzogen,
einen geheimnisvollen
und wundersamen Reiz
in sich.

Koste die Stille
des Winters aus:
Auch die schützende
Wärme daheim
und die Ruhe im Zimmer
laden dich heute ein
zum Träumen von Frieden
und Glück.

CHRISTA SPILLING-NÖKER

17 | Dezember
MANCHMAL

Manchmal,
über Nacht,
erwacht eine Quelle
zum Leben.

Manchmal,
über Nacht,
beginnt es zu grünen
am kahlen Zweig.

Manchmal,
über Nacht,
bringt ein Traum
dir das Leben zurück.

Manchmal,
über Nacht,
hat dich
ein Engel besucht.

ANTJE SABINE NAEGELI

18 | Dezember
WIEDER LEISE LEBEN

Der Winter meldet sich bei mir. Die Kraft und überschäumende Freude der helleren Jahreszeit hat mich verlassen. Ich atme aus. Ich lebe leise. Ich horche genau hin und verzichte auf alles Laute und Schreiende. Ich ziehe Bilanz. Ich räume auf, um mich herum und in mir. Ich lasse los. Ich bin frei davon, etwas Großes leisten zu müssen. Ohne den Winter wäre der nächste Frühling zu viel für mich.

RAINER HAAK

19 | *Dezember*

VERSÖHNUNG

Es wird ein großer Stern in meinen Schoß fallen …
Wir wollen wachen die Nacht,

In den Sprachen beten,
Die wie Harfen eingeschnitten sind.

Wir wollen uns versöhnen die Nacht –
So viel Gott strömt über.

Kinder sind unsere Herzen,
Die möchten ruhen müdesüß.

Und unsere Lippen wollen sich küssen,
- Was zagst du?

Grenzt nicht mein Herz an deins –
Immer färbt dein Blut meine Wangen rot.

Wir wollen uns versöhnen die Nacht,
Wenn wir uns herzen, sterben wir nicht.

Es wird ein großer Stern in meinen Schoß fallen.

ELSE LASKER-SCHÜLER

20 | *Dezember*

AUFBLÜHEN

Aufblühen
in der Mitte des Winters,
unter kahlen Zweigen,
in frostiger Kälte
und eisiger Trostlosigkeit.

Aufblühen
in der Mitte des Winters,
wenn noch niemand
den Frühling auch nur
zu ahnen vermag.

Aufblühen
in der Mitte des Winters,
Hoffnungszeichen im Herzen,
wie es die Gnade
der Weihnacht verheißt.

CHRISTA SPILLING-NÖKER

21 | *Dezember*

WAS BLEIBT

Das Wort
festhalten
im Herzen
das einzige
das bleibt
wenn die Blätter fallen
alles andere
einer kahleren
Zeit überlassen
Die Wurzeln
tiefer stoßen
und wissen
dass auch über
all den zerfurchten Tagen
ein grünes Versprechen liegt

ISABELLA SCHNEIDER

22 | *Dezember*

ALLES HAT SEINE ZEIT

Vielleicht kann den Winter besser ertragen, auskosten und genießen, wer es gelernt hat, im Sommer und Herbst Vorräte anzulegen. Nicht nur solche zum Essen ... Und vielleicht, während wir von den Schätzen des Sommers zehren, können wir jetzt im Winter einen neuen Vorrat an Stille und Einkehr, an Muße und Beschaulichkeit anlegen. Das hilft uns, mitten in den überbordenden Aktivitäten der übrigen Jahreszeiten den langen Atem zu bewahren. – Es geht auch hier um das rechte Verhältnis. Wir brauchen beides: die Zeit des Vorrätesammelns und die Zeit des Ausgebens und Verschwendens.

BRUNO DÖRIG

23 | *Dezember*

ANVERTRAUT

mache dich auf den Weg

selbst wenn du
vor dem Stall noch stolperst
sieh den Sternenglanz
an deinen staubigen Händen
behüte die Hoffnung in deinem Herzen
reib sie blank sieh sie an
mit liebenden mit verstehenden Augen

du bist ihm anvertraut
dem Kind
schon immer
für immer

auf ewig

CORNELIA ELKE SCHRAY

24 | *Dezember*

HERZKRIPPE

warm ist mein herz
auf dem langen weg
durch den schnee

weiß es doch suchend
der stall ist irgendwo
es gilt ihn zu sehen

und in der krippe
mitten im winter
lebt liebend das kind

und findend versteht
das wache herz
der stall ist in mir

ich bin die krippe
in der lebendige
menschlichkeit lebt

MARIA SASSIN

25 | *Dezember*

EWIGE WEIHNACHT

jeden tag
die geburt
im stall

geburt der hoffnung
geburt der liebe
geburt der freude

jeden tag
die geburt
in deiner seele

jeden tag
vor deinem fenster
wie im traum

die schafe
die hirten
der stern

HELENA AESCHBACHER-SINECKÁ

26 | *Dezember*

GUTER HOFFNUNG

Gut
ist die Hoffnung
die mich zärtlich lehrt
dass diese Geschichte
vom Kind im Stall
niemals zu Ende
erzählt sein wird

sie liebt und
lebt

CORNELIA ELKE SCHRAY

27 | *Dezember*

ZWISCHEN DEN JAHREN

Tage die kälter werden
Nacht die uns umfängt
Gut wenn da einer zum andern
Kommt und ihm Liebe schenkt

Die Welt steht ein bisschen stille
Die Zeit hält den Atem an
Wir entzünden ein Licht im Dunkeln
Und wärmen uns daran

DORIS BEWERNITZ

28 | *Dezember*

LICHTJAHRE SCHWER

Sternenbotschaft
Lichtjahre schwer
geheimnisvoll
verwirrend
berührend –
und mehr …

Stern,
mach unsere
Herzen bereit
zum Aufbruch,
auch in
unserer Zeit.

CLAUDIA BINZBERGER

29 | *Dezember*

ERWARTUNG

Am Ende
des Jahres
demütig werden

Das Tun lassen
ausruhen
die Augen schließen

Wie die Tulpe
im Erdreich
warten auf Licht

DORIS BEWERNITZ

30 / *Dezember*

ZWISCHENZEIT

Stück für Stück: Heller
wird der Sonnenstand.

Stück für Stück: Schneller!
Zukunft zieht durchs Land

Ob Leben zerrinnt
oder gewinnt,
liegt in deiner Hand.

KATHARINA SEIBERT

31 | Dezember

AUF DER SCHWELLE

Im gefühlten Niemandsland
im Raum zwischen zwei Jahren
geht der Blick zurück
auf schöne und schwere Zeiten
eingewohnt habe ich mich
in dieses alte Jahr
das mich geprägt hat
Gottbegleitet mit Freude erfüllt
und oft schmerzhaft gemeißelt.

Dankbar will ich es loslassen
ganz in diesem Moment sein
und nach vorne schreiten
in das noch unbekannte Dunkel
in der herzerleichternden Hoffnung
dass starke Wurzeln und helle Sterne
mich über die Schwelle begleiten
und mir beständig Schritt-Mut geben.

MARIA SASSIN

VERZEICHNIS DER AUTORINNEN UND AUTOREN UND QUELLENNACHWEIS

Wolfgang Abendschön: 28. Feb. © beim Autor, www.abendschoen-akzente.de.
Helena Aeschbacher-Sinecká: 28. Feb., 28. Aug., 5. Okt., 24. Okt. 4. Nov., 12. Nov., 7. Dez., 25. Dez. © bei der Autorin.
Christel Anders: 22. März, 2. April, 6. Mai, 26. Juni, 29. Juli, 15. Aug., 30. Sept. © bei der Autorin.
Augustinus (354–430): 1. Juli.
Rose Ausländer (1901–1988): 5. Feb. Mittelpunkt II., aus: dies., Wieder ein Tag aus Glut und Wind. Gedichte 1980-1982. © S. Fischer Verlag GmbH, Frankfurt am Main 1986. – 24. März, Der Morgen, 12. Aug., Der Garten, beide aus: dies., Und preise die kühlende Liebe der Luft. Gedichte 1983-1987. © S. Fischer Verlag GmbH, Frankfurt am Main 1988. – 29. April Jede Minute, aus: dies., Im Aschenregen die Spur deines Namens. Gedichte und Prosa 1976. © S. Fischer Verlag GmbH, Frankfurt am Main 1984. – 28. Juli, Mit euch allen, aus: dies., Gelassen atmet der Tag. © S. Fischer Verlag GmbH, Frankfurt am Main 1984.
Elisabeth Bernet: 18. Mai © bei der Autorin.
Doris Bewernitz: 25. Jan., 1. Feb., 8. Feb., 25. März, 6. Juni, 8. Juni, 27. Juni, 9. Juli, 20. Juli, 26. Juli, 1. Sept., 10. Sept., 6. Okt., 13. Okt., 3. Dez., 15. Dez., 27. Dez., 29. Dez. © bei der Autorin.
Claudia Binzberger: 27. Mai, 24. Aug., 8. Nov., 28. Dez. © bei der Autorin.
Max Bolliger: 27. Feb., 28. Mai © Nachlassverwaltung Robert Fuchs und Anke Hees, Zürich.
Dietrich Bonhoeffer (1906–1945): 26. Jan., 1. Mai, 21. Mai, 2. Nov., 1. Dez.
Christine Busta: 20. Mai, aus: dies., Inmitten aller Vergänglichkeit, Salzburg © Otto Müller Verlag 1985
Anselm von Canterbury (1033–1109): 1. Nov.
Matthias Claudius (1740–1815): 16. Mai, 2. Juni.
Luciano de Crescenzo: 18. Sept.
Michaela Deichl: 26. Feb. © bei der Autorin.
Hilde Domin: 15. April, 31. Mai, 4. Juli, 30. Juli, 26. Okt. aus: dies., Gesammelte Gedichte. © S. Fischer Verlag GmbH, Frankfurt am Main 1987.
Bruno Dörig: 14. Dez., 22. Dez. © Verlag am Eschbach.
Fjodor M. Dostojewski (1821–1881): 7. Mai.
Silvia Droste-Lohmann: 22. Juli, 4. Aug., 7. Okt., 14. Okt., 20. Okt., 23. Okt., 6. Nov. © bei der Autorin.
Josef von Eichendorff (1788–1857): 21. Nov.

Stefanie Engelhardt: 1. März © bei der Autorin.
Max Feigenwinter: 4. März, 19. März, 16. April, 1. Juni, 5. Sept., 20. Sept., 23. Nov., 28. Nov. © Verlag am Eschbach.
Frank Fischer: 9. Jan., 12. Feb., 7. Juli, 8. Juli, 9. Aug., 16. Sept., 11. Nov. © beim Autor.
Manfred Fischer: 19. Feb. © beim Autor.
Theodor Fontane (1819–1898): 13. Aug.
Hermine Geißler: 16. Aug., 25. Okt. © bei der Autorin.
Paul Gerhardt (1607–1676): 10. Aug., 20. Aug.
Regina Giese: 25. Juni, 17. Aug. © bei der Autorin.
Catharina Elisabeth Goethe (1731–1808): 3. Jan.
Johann Wolfgang von Goethe (1749–1832): 25. Aug.
Rainer Haak: 19. Jan., 10. März, 24. April, 5. Aug., 6. Sept. © Verlag am Eschbach. – 21. März, 30. März, 11. April, 26. Mai, 18. Dez. aus: ders., Gras unter meinen Füßen. 365mal Lust auf Leben. Ein camino Buch aus der © Verlag Katholisches Bibelwerk GmbH, Stuttgart 2016.
Gabriele Hager: 22. Okt. © bei der Autorin.
Frank Hartmann: 23. Feb. © beim Autor.
Friedrich Hebbel (1813–1863): 16. Okt.
Gerhard Heilmann: 5. Mai, 11. Dez. © beim Autor.
Jörn Heller: 11. März © beim Autor.
Sabine Heuser: 17. März, 19. Juni, 17. Okt. © bei der Autorin.
August Heinrich Hoffmann von Fallersleben (1798–1874): 15. Juni.
Irischer Segen: 10. Jan., 20. Jan.
Maria Kaminski: 23. Juli © bei der Autorin.
Ingeborg Kaspers: 30. Mai © bei der Autorin.
Bernd Kebelmann: 11. Jan. © beim Autor.
Gottfried Keller (1819–1890): 20. Juni.
Marlies Kemptner: 12. April © bei der Autorin.
Jochen Klepper (1903–1942): 30. Nov.
Wilma Klevinghaus: 5. Jan., 18. Jan., 22. Jan., 29. Juni, 24. Nov. © bei der Autorin.
Thomas Knodel: 12. Juni © beim Autor.
Judith-Magdalena Kornev-Rietmann: 24. Jan. © Clemens Rietmann.
Ursula Kreutz: 17. Jan., 4. Feb. © bei der Autorin.
Heidi Kring: 30. Juni, 18. Okt. © bei der Autorin.
Elke Langstein-Jäger: 27. Juli © bei der Autorin.

Lao-Tse (604 v. Chr.–531 v. Chr.): 21. Feb.
Else Lasker-Schüler (1869–1945): 19. Dez.
Ute Latendorf: 23. März © bei der Autorin, www.utelatendorf.de.
Elvira Lauscher: 19. Mai © bei der Autorin.
Gundela Leenen: 7. Feb., 7. April, 15. Nov. © bei der Autorin.
Eva-Maria Leiber: 12. März, 1. April, 2. Dez. © bei der Autorin.
Carola Merkel: 15. Mai, 28. Juni © bei der Autorin.
Christian Morgenstern (1871–1914): 18. Aug.
Inge Müller: 3. Juli © bei der Autorin.
Antje Sabine Naegeli: 29. Okt., 3. Nov., 17. Dez. © Verlag am Eschbach.
Susanne Niemeyer: 6. Dez., aus: Der Andere Advent, Meditationen und Anregungen vom 1. Dezember 2002 bis 6. Januar 2003. © bei der Autorin.
Novalis (1772–1801): 8. Mai.
Monika Oberreuter: 3. April © bei der Autorin.
Gabriela Paydl: 3. März, 13. Mai, 3. Aug., 6. Aug. © bei der Autorin.
Johann Heinrich Pestalozzi (1746–1827): 8. Sept.
Regine Plaß: 13. Feb., 15. Feb., 14. Aug. © bei der Autorin.
Jasna Rauschert: 31. Jan., 18. Feb., 27. Aug., 18. Nov. © bei der Autorin.
Rainer Maria Rilke (1875–1926): 13. Jan., 22. Feb., 11. Mai, 17. Mai, 28. Okt.
Joachim Ringelnatz (1883–1934): 6. Dez.
Thomas Romanus: 10. Nov. © beim Autor.
Friedrich Rückert (1788–1866): 30. Okt.
Franz von Sales (1567–1622): 9. Sept.
Maria Sassin: 1. Jan., 10. Feb., 21. April, 7. Juni, 23. Juni, 16. Juli, 17. Juli, 19. Aug., 13. Sept., 19. Sept., 23. Sept., 26. Sept., 1. Okt., 2. Okt., 11. Okt., 15. Okt., 16. Nov., 8. Dez., 10. Dez., 12. Dez., 24. Dez., 31. Dez. © bei der Autorin. – 13. April, 11. Aug., 22. Aug., aus: dies., Seelenvorrat für die Jahreszeiten des Lebens. © 2012 Vier-Türme-Verlag Münsterschwarzach.
Peter Schiestl: 11. Feb., 16. Feb., 25. Feb., 8. März, 13. März, 2. Mai, 25. Mai, 14. Juli, 24. Juli, 24. Juli, 14. Sept., 17. Sept., 24. Sept., 28. Sept., 7. Nov., 17. Nov. aus: Peter Schiestl, Wider besseres Wissen. Norderstedt 2015 © beim Autor.
Beate Schlumberger: 30. Jan., 11. Sept. © bei der Autorin.
Marion Schmickler-Weber: 22. Mai, 14. Juni, 1. Aug. © bei der Autorin.
Catrina E. Schneider: 2. Jan., 12. Juli, 13. Juli © bei der Autorin.
Isabella Schneider: 6. März, 16. März, 29. März, 17. Juni, 31. Aug., 14. Nov., 22. Nov., 21. Dez. © bei der Autorin.
Cornelia Elke Schray: 8. Jan., 16. Jan., 21. Jan., 6. Feb., 20. Feb., 9. März, 15. März, 28. März, 31. März, 8. April, 18. April, 19. April, 26. April, 30. April, 14. Mai,

18. Juni, 10. Juli, 11. Juli, 19. Juli, 21. Aug., 30. Aug., 12. Sept., 4. Okt., 19. Okt., 9. Nov., 13. Nov., 26. Nov., 4. Dez., 23. Dez., 26. Dez. © bei der Autorin.

Elke Schumacher: 22. Juni © bei der Autorin.

Andrea Schwarz: 4. Jan., 2. März, 5. April, 9. Juni, 6. Juli, 26. Aug., aus: dies., Gott lässt grüßen. Meditationskarten, Patmos Verlag 2017.

Katharina Seibert: 27. Jan., 3. Mai, 4. Juni, 29. Aug., 30. Dez. © bei der Autorin.

William Shakespeare (1564–1616): 7. Aug.

Ju Sobing: 28. Jan., 6. April © bei der Autorin.

Christa Spilling-Nöker: 29. Jan., 3. Feb., 14. März, 29. Mai, 5. Juni, 2. Aug., 5. Nov., 20. Nov., 16. Dez., 20. Dez. © Verlag am Eschbach.

Anne Steinwart: 14. Jan., 26. März, 27. März, 25. Juli, 8. Aug., 12. Okt. © bei der Autorin.

Pierre Stutz: 7. Jan., 17. Feb., 3. Mai, 10. Juni, 27. Nov., 29. Nov. © Verlag am Eschbach. – 17. April, 25. April, 11. Juni, 21. Okt. aus: ders. Die spirituelle Weisheit der Bäume. Eine Entdeckungsreise, © 2017 Patmos Verlag der Schwabenverlag AG.

Ute Sunke: 14. Feb. © bei der Autorin.

Katja Süß: 28. April, 15. Juli, 27. Okt. © bei der Autorin.

Anna Tomczyk: 6. Jan., 12. Jan., 18. März © bei der Autorin.

Georg Trakl (1887–1914): 9. Okt.

Benedikt Werner Traut: 15. Jan., 27. Sept. © Communität Christusbruderschaft Selbitz.

Ludwig Uhland (1787–1862): 20. April.

Sabine Ulrich: 21. Juni © bei der Autorin.

Carola Vahldiek: 9. Feb., 24. Feb., 29. Feb., 20. März, 10. April, 9. Mai, 12. Mai, 23. Mai, 16. Juni, 2. Juli, 5. Juli, 18. Juli, 21. Juli, 3. Sept., 4. Sept., 15. Sept., 8. Okt., 19. Nov. © bei der Autorin, www.lichtgedicht.de.

Tina Willms: 5. März, 7. März, 24. Mai, 3. Juni, 13. Juni, 7. Sept., 9. Dez. © bei der Autorin. – 9. April, 27. April, 23. Aug., 25. Nov., aus: dies., Am Wegrand: Ein Wunder, Neukirchener Verlagsgesellschaft 2016. – 10. Mai aus: dies. Erdennah – Himmelweit, Neukirchener Verlagsgesellschaft, 3. Auflage 2016, S. 111. – 5. Dez. aus: dies., Zwischen Stern und Stall, Neukirchener Verlagsgesellschaft, 2. Aufl. 2016, S. 104. © für alle Texte bei der Autorin.

Doris Wohlfarth: 23. Jan., 4. April, 14. April, 2. Sept., 21. Sept., 22. Sept., 25. Sept., 10. Okt. © bei der Autorin.

Angelika Wolff: 22. April, 23. April, 24. Juni, 29. Sept., 3. Okt. © bei der Autorin.

Zhuangzi (370 v. Chr.–287 v. Chr.): 19. Nov.

Jörg Zink: 31. Okt. © Verlag am Eschbach.

Januar

Februar

März

April

Mai

Juni

Juli

August

September

Oktober

November

Dezember

Bildnachweis:
maritime_m (Umschlag, S. 50, 54, 68, 74, 80, 93), Alex Illi (Umschlag, S. 62, September), Olga Axyntina (Umschlag, Juli), Potapov Alexander (Umschlag, S. 7, 57), AlexVektor (Umschlag, S. 6/7, 62/63, 66), Ihnatovich Maryia (S. 5, April, Juli), kotoffei (S. 6, Mai), paseven (Januar), Luccia (Februar), Vasmila (März), beta757 (Juni), NadzeyaShanchuk (August), Valentina Rusinova (September), Pavel K (Oktober), Tetiana Dziubanovska (November), OK-SANA (Dezember), alle shutterstock.com.

MIX
Papier aus verantwortungsvollen Quellen
FSC® C014138
www.fsc.org

ISBN 978-3-86917-555-3

ein Unternehmen der Verlagsgruppe Patmos
in der Schwabenverlag AG, Ostfildern
Im Alten Rathaus/Hauptstraße 37
D-79427 Eschbach/Markgräflerland

www.verlag-am-eschbach.de

Gestaltung, Satz und Repro: Angelika Kraut, Verlag am Eschbach
Kalligrafierte Schriftzüge: Ulli Wunsch, Wehr
Druck: Finidr s. r. o., Český Těšín